ACCESO GRATIS a la Lectura en la Nube

AF237874

Para visualizar el libro electrónico en la nube de lectura envíe junto a su nombre y apellidos una fotografía del código de barras situado en la contraportada del libro y otra del ticket de compra a la dirección:

ebooktirant@tirant.com

En un máximo de 72 horas laborales le enviaremos el código de acceso con sus instrucciones.

© TIRANT LO BLANCH
EDITA: TIRANT LO BLANCH
C/ Artes Gráficas, 14 - 46010 - VALENCIA
TELFS.: 96/361 00 48 - 50
FAX: 96/369 41 51
Email: tlb@tirant.com
www.tirant.com
Librería Virtual: www.tirant.es
DEPOSITO LEGAL: V-2950-2025
ISBN: 979-13-7010-975-2
MAQUETA E IMPRIME: TINK FACTORÍA DE COLOR , S.L.

Si tiene alguna queja o sugerencia, envíenos un mail a: atencioncliente@tirant.com.
En caso de no ser atendida su sugerencia, por favor, lea nuestro procedimiento de quejas en:
www.tirant.net/index.php/empresa/politicas-de-empresa

Responsabilidad Social Corporativa
http://www.tirant.net/Docs/RSCTirant.pdf

Historia de la música

2ª Edición

Teresa Izquierdo Aranda

SUMARIO

LA MÚSICA EN LA ANTIGÜEDAD

La música en la Prehistoria. Orígenes de la música

Se desconoce cómo pudo ser la música en la Prehistoria ya que no queda ningún registro sonoro ni escrito de la misma. La antropología ha demostrado su existencia como consecuencia de la necesidad del ser humano hombre de comunicarse y expresar sentimientos. Encontraba música en la naturaleza, en su propia voz, aprendió a valerse de objetos rudimentarios (huesos, cañas, troncos, conchas...) para producir sonidos.

La música se relacionaba con los ritos de vida y muerte que se evidenciaban a partir del movimiento y el sonido. En el arte prehistórico, danza y canto se funden como símbolos de la vida mientras que quietud y silencio se conforman como símbolos de la muerte.

En la pintura rupestre, la música aparece en los rituales de caza o de guerra y en danzas alrededor del fuego, a la que se le atribuyen significados sobrenaturales. Se considera que la música estaba basada principalmente en ritmos y movimientos que imitaban a los animales. Además del uso de la propia voz, los primeros instrumentos conocidos fueron objetos, utensilios o el propio cuerpo humano. Los podemos clasificarlos en:

a) Idiófonos: aquellos que producen sonidos por medio de la materia con que la que están construidos;

b) Membranófonos: serie de instrumentos hechos con una membrana tirante a partir de un recipiente cualquiera que actuaba como caja de resonancia;

c) Cordófonos: de cuerda, el arpa;

d) Aerófobos: el sonido se origina en ellos por vibraciones de una columna de aire.

LA MÚSICA EN LA ANTIGUA GRECIA

El origen de lo que hoy llamamos música se relaciona con las culturas más avanzadas de la Antigüedad, Grecia y el área de Asia Menor que formaron parte del imperio de Alejandro Magno (330 a. C.) Se considera la cuna de la música occidental y, gracias a las conquistas de Alejandro Magno, incorporó muchas influencias orientales. Los griegos no tenían el mismo concepto de música que tenemos actualmente. Música (μουσική) significa etimológicamente «relativo a las Musas», es decir, el arte inspirado y protegido por estas diosas. Integraba conjuntamente poesía, música, danza y gimnasia, de manera que la música no se concebía por separado, por ello, los poetas líricos y dramáticos versificaban, componían música y cantaban. En las polis era un arte estimando, primordial en la educación, que requería de una regulación, puesto que influía en el ánimo de los ciudadanos debía regirse por unas reglas impuestas por el gobierno de la ciudad para garantizar el bienestar común.

En general, se podía distinguir dos tipos de música: la profesional y la popular, de la que nos han llegado algunos textos con notaciones musicales alfabéticas. La música se adaptaba en ritmo a la palabra poética, a la que servía de apoyo. Las fuentes que nos informan de ello son la mitología, documentos musicales hallados (apenas unos 40), obras literarias, tratados cinéticos y filosóficos y restos arqueológicos (arquitectura, pintura, escultura, instrumentos, etc.)

Desde los finales del siglo VII a.C., enfrentaron el fenómeno de la música tratando de llegar a su esencia fundamental, trascendiendo las explicaciones fabuladas acerca de su origen. Filósofos como Terpandro (siglo VII a.C.) y Pitágoras (siglo VI a.C.) estudiaron la naturaleza del sonido y las relaciones numéricas entre los sonidos de diversas alturas derivadas de la resonancia natural.

Música y poesía

Por Homero sabemos que los *aedos* (cantores y compositores de poemas épicos, de época micénica y la edad oscura ss. XVII-XII y XI-IX a. C. respectivamente) tenían un gran prestigio social por su gran talento, por lo que recibían atributos de héroes. Eran capaces de componer y memorizar miles de versos con infinitas variantes. Se consideraba que recibían inspiración divina, por lo que se erigían en intermediarios entre los hombres y los dioses y en protagonistas indispensables de los ritos religiosos. Eran educadores, porque con sus cantos poéticos transmitían los acontecimientos del pasado, ejemplos morales de comportamiento y conocimientos religiosos. Su papel de intermediarios se veía reforzado por la ceguera, con la que aparecen retratados tradicionalmente muchos de ellos y que marca un alejamiento de la realidad del presente y una conexión con el otro mundo, el arte divino y el futuro.

En la Grecia antigua la prosodia y la métrica, propias de la lingüística y de la poética, formaron parte de las ciencias vinculadas con la música. El ritmo del verso se medía por la longitud de las sílabas (breves o largas), la entonación por la elevación de la altura del sonido (que abarca aproximadamente una 5ª) con lo que lenguaje y música se fundieron en una única realidad: la lengua se convirtió en melodía y el poeta era músico. Esta unidad se identificaba con el concepto de *mousiké* que significaba "Artes de las Musas" y unía poesía, música y danza. Sólo al final del periodo clásico (ss. V- IV a.C) se desintegró este concepto dando lugar a la distinción entre la prosa y la música, siendo ésta esencialmente instrumental.

En época arcaica (ss. VIII-VI a.C.) aparecieron los *nomos* (leyes) vinculados al poeta Terpandro de Lesbos (s. VII a.C.). Eran unas normas que determinaban las composiciones de voz e instrumento, lo que indica la existencia de una especie de patrón o esquema que regía la obra.

La música puramente instrumental no apareció hasta época helenística (ss. III-I a.C.) y, aunque sabemos de la organización de competiciones, se duda que alcanzara gran relevancia. Más determinante fue su vinculación a la danza y al canto de un coro, que empezó a tomar un papel de narrador y comentador de los hechos, que cantaba o que recitaba un solista, mientras que el *corifeo* o jefe del coro marcaba el ritmo a los instrumentistas, a los miembros del coro (*coreutas*) y a los danzantes.

El *drama* estaba formado por danza, poesía y música. Por tradición se considera como su creador al poeta Tespis (s. VI a. C.) que dividió el coro en dos corales dialogantes e introdujo el primer actor que dialogaba con el corifeo. Con Esquilo (s. VI-V a. C.) encontramos ya el segundo actor, y el tercero con Sófocles (s. V a. C.) Éstos interpretaban varios papeles gracias a la caracterización de vestuario y máscara (que servía también de altavoz.) El papel del coro fue perdiendo paulatinamente importancia frente a los actores: en un principio predecía y acompañaba la acción, comentándola y explicándola, siempre cantando, mientras el corifeo le daba la réplica recitando para terminar convirtiéndose en un simple separador de escenas mientras los actores se cambiaban.

La música, interpretada por *aulós*, servía para llevar a la cumbre la intensidad de los sentimientos y expresar la emoción del alma humana. Por ello, letra y música, melodía y poesía debían ser creados al mismo tiempo. En la comedia se introdujeron ritmos y melodías populares, aunque la calidad de la música era menor que en la tragedia por la relajación del *aulós*, el exceso de semitonos y el abuso de cambios de modulación.

Música y gimnasia

En el mundo helénico, los hombres competían en todos los ámbitos buscando la excelencia que los llevaría a la gloria. Hubo competiciones musicales, porque la música estaba ligada tanto a las competiciones de canto y teatrales como a las atléticas. Esto sólo se entiende de desde la comprensión de que para los griegos la educación tenía por principal objetivo alcanzar un equilibrio armónico entre las capacidades físicas, las intelectuales y morales. Así, para el cuerpo practicaban ejercicios gimnásticos, mientras que para el alma tocaban instrumentos y cantaban, pero no de modo separado, sino conjunto, con ejercicios combinados con danza alternando entre bailarín-gimnasta e instrumentista-cantor.

El espíritu competitivo era tan intrínseco a su cultura, y organizaban competiciones en las que participaban todas las ciudades-estado del mundo griego (Grecia continental, costa de Asia Menor, islas y colonias), dándole un carácter panhelénico. Con estas competiciones se reforzaba su sentimiento de pertenencia a una estructura sociopolítica superior a la ciudad-estado (*polis*) y a un pueblo común que compartía lengua, religión y cultura. Tenían tal importancia para ellos, que había una tregua de carácter sagrado para garantizar la libre circulación por todo el territorio hasta el lugar de competición, una tregua tan solemne que jamás ninguna ciudad se atrevió a romper en los más de mil años de historia. Estas competiciones consistían en juegos atléticos y musicales, que eran de dos tipos: los *escénicos* (piezas teatrales y corales) y los *tilémicos* (música instrumental y de canto). El vencedor de estos juegos, al igual que los atletas, era considerado héroe nacional, se le recibía entre vítores, se le componían poemas, se le erigían estatuas y se le otorgaban privilegios en su ciudad, en Olimpia (Olímpicos), Delfos (Píticos), Nemea (Nemeos) o Corinto (Ístmicos) además de gloria eterna.

Innovaciones en la música

El concepto de música basculó entre la idea de un arte extraído de los dioses e interpretado por intermediarios de inspiración divina, hasta una ciencia definida por filósofos. El primer paso en este camino lo dio Pitágoras (s. VI a. C.), que estableció la base matemática de la música, vinculada al universo. Las noticias son que nos han llegado de este filósofo son escasas y contradictorias. Nació en la isla de Samos y viajó a Egipto, donde se hizo sacerdote y aprendió matemática, medicina, arquitectura, geometría y música. Tras la invasión persa de Egipto, Pitágoras fue hecho prisionero y enviado a Babilonia, donde los científicos (*magos*) reconocieron su genio y lo incorporaron a sus investigaciones, con lo que perfeccionó sus conocimientos matemáticos. Al regresar a Samos fundó su escuela filosófica, basada en la matemática y en la interpretación del universo en clave matemático-musical mediante una serie de relaciones interválicas. Cuando sus relaciones con Polícrates, tirano de Samos, se complicaron, huyó a Crotona, colonia griega del sur de Italia, donde alcanzó gran fama y prestigio hasta su muerte.

Pitágoras no dejó nada escrito, según Aristóteles su pensamiento se fundamentaba en el número, principio material de los seres y razón de sus cambios y estados. El número contiene dos elementos, par (infinito) e impar (finito), de los cuales participa la unida, que es par e impar a la vez. Desde el punto de vista científico, los pitagóricos le dieron una base científica a la matemática; estudiaron los números pares, impares, primos y cuadrados; establecieron el número como principio de toda proporción, orden y armonía del universo; y establecieron el llamado Teorema de Pitágoras, el de la hipotenusa.

Musicalmente, su importancia estriba en:

- La actual escala de doce sonidos de la música occidental se origina en la matemática pitagórica.

- Descubrió que el sonido se produce por las vibraciones de un cuerpo en un medio elástico en el que se propagan en forma de ondas, cuya altura depende del número de vibraciones, que dependen del grosor y longitud del cuerpo en vibración. Además, determinó que estas relaciones vibración-onda pueden expresarse numéricamente.

- Inventó el monocorde o diapasón, un instrumento que consiste en una caja de resonancia sobre la que se dispone una cuerda tensada y apoyada en sus extremos en dos caballetes. Al dividirla por otro caballete en dos partes iguales, comprobó que el sonido producido por cada uno de los dos segmentos era la octava del sonido que emitía la cuerda entera, demostrando así que la frecuencia del sonido es inversamente proporcional a la longitud de la cuerda. Así, si la relación de sus longitudes es 2/3 la diferencia será de una quinta, y si es de 3/4 entonces será de una cuarta.

Los modos griegos

Los géneros musicales hacen referencia a la ordenación de los sonidos a partir del tetracordio (τετράχορδον), serie de cuatro sonidos que forman un intervalo de cuarta. Así, el género *diatónico* constaba de una sucesión de 2 tonos y 1 semitono; el género *cromático* se fundaba en un intervalo de tercera menor y 2 semitonos que se usaba para dar variedad a la melodía; y el género *enarmónico* en un intervalo de tercera mayor y dos de cuarto de tono, aunque los propios griegos lo consideraban difícil y pomposo.

Como ya hemos dicho, la base de la música griega era la cuarta, el intervalo natural de la voz humana, por lo que al ordenar los cuatro sonidos del tetracorde de forma descendente, surgieron los *modos*:

- el dorio correspondería a nuestra escala de *mi* (mi-re, do-si, la-sol, fa-mi), con semitonos entre do y si, y fa y mi;

- el frigio se identifica con nuestra escala de re (re-do, si-la, sol-fa, mi-re);

-el lidio sería la actual escala de do (do-si, la-sol, fa-mi, re-do);

-el mixolidio (si-la, sol-fa, mi-re, do-si) que se añadió más tarde.

Cada uno de estos modos tenía un modo secundario, a una quinta por debajo o a una cuarta arriba, apareciendo así:

- hipodorio: la-sol, fa-mi, re-do, si- la;

- hipofrigio: sol-fa, mi-re, do-si, la-sol;

- hipolidio,: fa-mi, re-do, si-la, sol-fa;

- hipomixolidio: mi-re, do-si, la-sol, fa-mi.

Por ello el sistema musical griego fue modal, porque se basaba en el uso del tetracordo descendente de cuatro intervalos.

El ritmo

Para los griegos el ritmo base era el biológico, el latido cardíaco cuyo control es necesario para cualquier actividad y con el cual percibimos todos los demás ritmos de la naturaleza. Desde antiguo el ritmo de la palabra poética se adecuó al de nuestro corazón, creando un lenguaje especial que sólo podía ser empleado por los músicos profesionales, los aedos, que crearon ritmos en los que el verso se sometía al compás, de modo que pudieran agradar e interesar al público. También la danza se ajustó a ese ritmo poético-musical, dando lugar a un conjunto inseparable. Tanto influyó este concepto que la música occidental se siguió adecuando al ritmo de la palabra hasta bien entrado el siglo XV.

Este ritmo poético se basaba en la combinación determinada de sílabas de duración breve y de duración larga (equivalente a dos breves). Por eso la denominación de los ritmos musicales era la misma que los del verso:

- ritmos ternarios: *yambo*, breve y larga; *troqueo*, larga y breve.

- ritmos cuaternarios: *dáctilo*, larga, breve y breve; *espondeo*, larga y larga; *anapesto*, breve, breve y larga.

Notaban las pausas con un signo específico llamado *pneuma*, que significa respiración o pulmón.

La música griega era principalmente monódica y usaba las primeras letras del alfabeto (notación alfabética) para identificar y representar los tonos o sonidos musicales Para la escritura de las ocho notas usaban palabras referidas a las ocho cuerdas de la afinación de una *cítara*: la superior o grave era la *hípate* (ὕπατη), nuestra *mi*; el semitono siguiente la *parípate* (παρύπατη), *fa*; la siguiente, *lícano* (λίχανος), la del índice, *sol*; la media, *mese* (μέση), *la*; la siguiente, *paramese* (παραμέση), *si*; la antepenúl-tima, *trite* (τρίτη), la tercera, *do*; la siguiente, *paranete* (παρανήτη), *re*; la infe-rior, *nete* (νήτη), *mi*. También para los sonidos de cuarto de tono y cromáticos usaban las letras del alfabeto.

Música y educación

La música desempeñaba un papel importante en la educación. A todos los ciudadanos se les formaba para que conocieran los conceptos musicales básicos y tuvieran una cierta capacidad de cantar y tocar instrumentos. El objetivo era cultivar el alma para que estuviera equilibrada y templada con respecto al desarrollo físico, no sólo para la propia formación individual sino también para que se sintiera integrado en las celebraciones y actos colectivos de la comunidad, que siempre incluían música.

Además, un músico profesional debía seguir una educación integrada en tres ramas unidas: la *retórica*, para ser capaz de manejar la lengua con la soltura suficiente para componer bellos versos; el *canto*, para manejar la voz con habilidad tanto en la monodia o canto en solitario como en la *corodia* o canto en coro; y la *rítmica*, para tocar los instrumentos con mayor destreza que los ciudadanos corrientes, sobre todo la *cítara* y el *aulós*.

El objetivo de la educación musical podía variar según la dirección política de la ciudad-estado. Por ejemplo, en Esparta, cuyas estrictas leyes estaban encaminadas a mantener un estado militar al que se subordinaba todo, el papel de la música era el de exaltar a la patria e insuflar sentido del orden y habilidad para tomar decisiones rápidas y enérgicas. Predominaba, por tanto, el coro y el moderado ritmo dorio. En Atenas, en cambio, con unas leyes destinadas al debate y a las decisiones colectivas, la música debía subrayar la dimensión ética y la responsabilidad moral del ciudadano, que no del esclavo, que tenía prohibido aprenderla; su aprendizaje siempre era de oído, sin partitura, tanto el canto como la música instrumental, además de la danza.

Música y filosofía

Damón de Atenas, uno de los maestros de Sócrates, fue uno de los primeros filósofos que establecieron una conexión entre la música y la formación del carácter humano, el *ethos*, para bien o para mal. Platón, el más ilustre discípulo de Sócrates, creía que la música podía contribuir decisivamente a inculcar virtudes como el valor, la mesura y el sentido de la justicia en el ciudadano, no sólo a nivel individual sino también a nivel colectivo, porque para él la música tenía el poder de marcar la línea de un estado y el orden social. Por eso defendió siempre la inclusión de la música en el sistema educativo estatal, como recogió después el músico y pedagogo Arístides Quintiliano (s. II d. C. o III-IV d. C.)

Platón, al igual que otros filósofos como el propio Aristóteles, pensaba que la música, al igual que influía en el alma y el carácter humano, también lo hacía en el cuerpo, por lo que se usaba como terapia para devolver el equilibrio a la mente y al cuerpo. Así, se empleaba música estimulante para despabilar a los aletargados, autistas y débiles, y música suave para apaciguar a los nerviosos, hiperactivos y coléricos. En la educación se usaban música y ritmos armónicos y equilibrados, pues se trataba de inculcar moderación al alumno. Para Platón, no obstante, no toda la música era útil para la formación ética del individuo y del colectivo, porque podía fortalecer su voluntad y principios, pero también desequilibrarle e inclinarle a la desproporción y, por tanto, al mal. Así, desechaba los géneros *cromático* y *enarmónico*, así como la música puramente instrumental, pues pensaba que actuaban de un modo desenfrenado sobre las emociones, poniéndolas fuera de control. Por tanto, elogiaba el género dorio, más equilibrado y mesurado. Y, por supuesto, consideraba la música extranjera orgiástica y perniciosa. Para Platón la música era un puente entre las ideas y las acciones y, por tanto, tenía una influencia decisiva en el temperamento del ser humano.

Finalmente, Aristóteles compartía con su maestro el mismo concepto de la enérgica acción de la música en la moral. Clasificaba las melodías en cuatro tipos: las *moderadas*, las más apropiadas para la educación; las *entusiastas*, que llevan al apasionamiento y a la catarsis, es decir, a la purificación espiritual mediante una saturación de sentimiento y expulsión del exceso de emoción, quedando el alma equilibrada y purgada; las *relajadas*, buenas para el conocimiento y el juego; y las *tristes*, que conmueven la mente. De este modo Aristóteles coincide con sus predecesores en la idea de que la música supone e impone orden, pero la despoja de toda metafísica, buscando una explicación psicológica. Esta consideración sería perfeccionada por su discípulo Aristóxeno de Tarento (s. IV a.C.), que estudió los problemas de la percepción musical por el oído humano.

Organología

Instrumentos de Cuerda.

La **Lira** fue el instrumento apolíneo por excelencia y era considerado como el instrumento nacional, en un comienzo, su forma era como un arpa con cuerdas verticales usada por los aficionados y para actos íntimos.

La **Cítara** variante de la Lira de mayor tamaño y sonoridad gracias a su caja de resonancia de madera. Poseía siete cuerdas luego, a partir del siglo V se construía con doce. Se ejecutaba con un plektron; era empleada por los cantores profesionales.

Los griegos practicaron: La Citarodia, arte que consistía en un solo vocal acompañado por la Cítara. La Citarística, en cambio, era el arte instrumental de cítara, en que el ejecutante mostraba sus habilidades con el instrumento.

El **Arpa** de cuerdas oblicuas, antecesora del Psalterio y el Arpa con columna de apoyo delantera o Trígono eran usadas principalmente por las mujeres

El **Phorminx**, instrumento de mayor antigüedad dentro de la familia de las liras y cuya caja de resonancia poseía brazos para el travesaño que llevaba de cuatro a siete cuerdas; el **Barbiton**, con brazos más largos, era el único instrumento de cuerdas utilizado en el culto dionisíaco para acompañar el canto en bacanales.

El **Laúd** de cuello largo y con tres cuerdas.

Instrumentos de Viento

El **Aulós**, antiguo predecesor del actual oboe de tubo simple o doble, producía su sonido mediante la vibración de lenguetas dobles. Fue el principal instrumento de viento en Grecia. Emitía un sonido hiriente y penetrante.

La Aulodia, desarrollada sobre todo en las festividades dedicadas a Dionisos, consistía en un solo vocal acompañado por el Aulós, especie de oboe. Asimismo, la Aulética consistía en el arte de las melodías para solo de Aulos y fue el género instrumental más apreciado.

La **Syrinx**, Siringa o Flauta de Pan (Dios pastoril, hijo de Hermes y de la ninfa Dríope), consistía en cañas de diversas longitudes y grosor unidas con cera.

El **Salpinx** o trompeta de metal, utilizada para dar órdenes y señales.

También existió durante el período Helénico (S. III a.C.), el **Hydraulis**, una especie de primitivo órgano que funcionaba mediante presión de bombas hidráulicas. Fue construido en diferentes tamaños y utilizado por los romanos para animar las fiestas de anfiteatros y circos. En el siglo VIII, pasó a ser el instrumento característico del cristianismo medieval.

Instrumentos de Percusión

Panderetas, platillos, sistros, además de la **Krotala** (especie de castañuela), la **Kymbala** (pareja de platillos); el **Tympanon** (pandero) y el **Xylophon**.

LA MÚSICA EN LA EDAD MEDIA

EL CANTO GREGORIANO

Orígenes y definición

La gran reforma litúrgica y pastoral llevada a cabo por el papa Gregorio I (c. 540-604) sentó las bases de la contribución de la Iglesia a la identidad europea. Diseñó una liturgia unificada, con el latín como idioma común, lo que facilitaría la circulación de ideas y de personas por Europa, y con un mismo canto, lo que ayudó a crear una misma mentalidad religiosa. A ello contribuyó la pacificación que se instauró en el continente a raíz de las conquistas de Carlomagno, así como las reformas introducidas a nivel burocrático y cultural.

Hacia los años 752-753 Crodegando, obispo de Metz, visitó Roma para preparar la visita del papa Esteban II a las Galias. El objetivo del viaje era obtener el apoyo del rey franco Pipino el Breve para salvaguardar los territorios papales amenazados por los lombardos. En Roma, Crodegando se percata de la gran diferencia entre la liturgia y los cantos romanos y las de las iglesias galas. De regreso a Metz instaura la liturgia romana, una acción necesaria dado que en la región gala nunca se había desarrollado un canto autóctono, formado y mantenido por una tradición rica, como sí había sucedido en Roma, Milán, Sur de Italia, España o Norte de África. La implantación de la liturgia y cantos romanos vendría a sumarse al proyecto de unificación política emprendido por Pipino el Breve.

En 760 Pablo I, sucesor de Esteban II, remitió al rey franco un antifonario que contenía los cánticos propios de la liturgia romana. Sobre este códice se han urdido las más peregrinas leyendas. A partir del siglo X se creyó que se trataba del códice que, según los biógrafos de san Gregorio Magno, había compilado el santo papa bajo la inspiración del Espíritu Santo. De hecho, algunos códices de los siglos X y XI nos muestran a san Gregorio Magno en su cátedra pontificia dictando a un amanuense la música que el Espíritu Santo en forma de paloma le dicta al oído. De este modo, la creación de la liturgia y canto romanos impulsados por los carolingios fue atribuida a san Gregorio Magno quien, en el año 600, había ordenado la recopilación de los escritos de los cánticos o himnos primitivos en un repertorio llamado en su honor *Antifonario de los cantos gregorianos*. En realidad, la labor de Gregorio I consistió en codificar, fijar textos y melodías y ordenarlas en el calendario litúrgico para la Iglesia de Roma, es decir, nunca pretendió establecer una reforma universal. La primera gran recopilación de este trabajo fue el *Antiphonarium cento* que sirvió de modelo para los sucesivos libros litúrgicos.

La implantación de la liturgia romana sirvió poderosamente a Pipino el Breve para granjearse el apoyo de Roma y, sobre todo, para que su sucesor Carlomagno fuese consagrado emperador del Sacro Romano Imperio en la Navidad de 800. Éste llevó a cabo una serie de intensas campañas militares que le permitieron por primera vez en siglos pacificar los dominios europeos de Francia, Italia y Alemania. Desde los tiempos del Imperio Romano, Carlomagno era el primer rey que dominaba un vasto territorio, para lo cual necesitaba un bien entrenado servicio civil que pudiera sostener la necesaria burocracia estatal. Por ello, aparejada a su reforma administrativa, se decidió a llevar a cabo una profunda reforma educacional que le permitiera sostener por medios pacíficos en el tiempo lo ganado por las armas en la conquista militar.

Marcó el inicio de una nueva concepción de las relaciones entre Iglesia y Estado, pues Carlomagno se veía a sí mismo como defensor del cristianismo y de la Iglesia Católica en particular. Dado que los monjes eran los únicos en esta época que sabían leer y escribir, buscó la ayuda de los eclesiásticos para crear un sistema educativo nuevo.

Este proceso vino marcado además por una serie de circunstancias de notable relieve. La reforma religiosa promovida por los concilios francos celebrados entre 743 y 744 impulsaron la vida monástica, beneficiada con la implantación de la regla de san Benito. La regla benedictina concedía una gran importancia al oficio divino, ya que su celebración constituía el primero de los objetivos de la vida monástica. Su fundación implicó la creación de su liturgia propia y, con ello, de los cantos correspondientes, que eran precisamente del entorno romano.

Con todo, el esplendor intelectual de la corte carolingia no logró tampoco unificar el canto, porque el latín de las nuevas oraciones y cantos procedentes de Roma no se entendía y además cada uno lo pronunciaba a su manera. Así lo comprendió el monje inglés Alcuino de York en su visita a la corte de Carlomagno en el 782, el cual emprendió, junto a los clérigos que lo acompañaban, una ardua tarea pedagógica y cultural para restablecer las normas clásicas adaptadas a la doctrina cristiana.

Características del canto gregoriano

La difusión del canto gregoriano en todo el mundo cristiano se debió en gran parte a las estrategias de unificación de Carlomagno, en detrimento de las otras liturgias existentes. Asimismo, la intención del Papado era la unificación ritual y la depuración de la liturgia celebrada en lengua vernácula. Por ello, el canto gregoriano era un elemento indispensable en todas las ceremonias eclesiásticas, practicado por los oficiantes y los creyentes reunidos en el templo. Con el tiempo, al hacerse cada vez más compleja su práctica, el papel del *primicerius*, o maestro cantor y del coro fueron cada vez más importantes hasta adquirir el monopolio del canto litúrgico.

La época de mayor brillantez o de esplendor del canto gregoriano ocurrió hacia el s. IX, cuando se estableció la división de los cantos de la Misa en cantos del Ordinario y cantos del Propio que servirán como esquema aún en nuestros días para los compositores que abordan la forma Misa, tan importante en la música sacra. La mayor contribución la hicieron las grandes abadías europeas (Cluny, Vézelay, Toledo, León, Ripio y Girona). Este progreso hacia la forma más definida y elaborada, y el estilo más puro y dependiendo absolutamente de la exaltación del texto, hacen que la época carolingia sea al mismo tiempo la del esplendor del canto gregoriano.

El texto era la razón de ser del canto gregoriano, según el principio de san Agustín, "el que canta bien, ora dos veces". El canto gregoriano jamás podría entenderse sin el texto, el cual tiene prelación sobre la melodía y es el que da sentido a ésta. Por lo tanto, al interpretarlo, los cantores deben haber entendido muy bien el sentido del texto. En consecuencia, se debe evitar cualquier impostación de voz en que se intente el lucimiento del intérprete. Del canto gregoriano proceden los modos gregorianos, que dan base a la música occidental. En general, las principales características del canto gregoriano son:

- Las partituras están escritas en notación neumática sobre tetragramas.

- Tiene un ritmo libre marcado por las sílabas breves o largas del latín.

- Es una plegaria cantada, expresión de una religiosidad.

- Es un canto monódico de una sola línea melódica interpretada *a capella*, sin acompañamiento, cantado por voces masculinas.

- Las voces pueden estar en coro, pronunciadas por quien oficia la misa o por un cantante profesional solista llamado *schola*.

- Están escritos en latín, exceptuando la pieza del Ordinario de la Misa *Kyrie Eleison* (¡Oh, Señor!), que está en griego.

- Todas las piezas gregorianas son siempre modales, y dentro de los modos gregorianos, llamados también modos eclesiásticos, existen 8 tipos.

- En el canto gregoriano, el género y la forma vienen definidos por el ámbito o contexto (situación) donde se interpretan las obras.

- En este tipo de canto, la línea melódica no es muy movible, es decir, no hay grandes saltos en la voz. Por lo regular la línea se mueve mediante intervalos de segundas, terceras, cuartas o quintas. Es raro encontrar un salto de octava, por esto se le llama también canto llano.

- Existen 3 estilos de canto gregoriano, que se clasifican dependiendo de la cantidad de notas diferentes que se cantan por sílaba:

    1. Estilo silábico si hay una nota por sílaba;

    2. Canto neumático cuando hay dos o tres notas por sílaba;

    3. Melismático cuando hay de 6 a más tonos por sílaba.

- No hay grandes adornos vocales ni muchas improvisaciones, se enfocan sólo a la música y líneas melódicas escritas y rara vez hacen los llamados "adornos musicales".

La mayoría de la música y los cantos gregorianos medievales eran anónimos, al considerar que las obras artísticas estaban al "servicio de la sociedad".

El canto gregoriano se servía de una única escala diatónica. El resultado fue la formulación de ocho modos construidos ascendentemente mediante dos tetracordios. No todas las melodías recorren esta extensión: algunas se mantienen en la octava inferior (la-la'), otras en la central (mi-mi') y otras en la superior (sol-sol'). En cada una de estas octavas, los semitonos distan más o menos de la nota final, con lo cual se genera el elemento fundamental para entender el sistema modal. A diferencia del sistema tonal de la música actual, en el canto gregoriano no existían las escalas en las para que al cambiar de una tonalidad a otra, tanto en modo mayor o menor, se acude a los a los sostenidos o a los bemoles para que los tonos y semitonos queden en el mismo lugar.

Además del recitativo litúrgico y la salmodia, las principales expresiones del canto gregoriano fueron el Oficio Divino y la Santa Misa.

A) LOS CANTOS DEL OFICIO DIVINO

El Oficio Divino se refiere a los rezos cantados durante el día desde el año 400 en los monasterios que se fundan bajo el impuesto de san Benito, los cuales desempeñaron el papel de verdaderas escuelas de canto. San Benito fija el oficio dividido en horas repartidas a lo largo de la jornada que regulan la vida completa de la comunidad religiosa en el claustro. Los monjes hacían una pausa en sus labores y se reunían regularmente a determinadas horas, llamadas horas canónicas, para hacer su oración, en oraciones largamente cantadas. El repertorio de cantos constaba de: salmos, recitativos de lecturas y oraciones, himnos, responsorios, *Te Deum,* cantos del Antiguo y del Nuevo Testamento.

B) LA SANTA MISA. DIFERENCIAS ENTRE EL ORDINARIO Y EL PROPIO

La ordenación litúrgica de la misa es mucho más tardía que la de las horas canónicas. En la misa encontramos dos secciones bien diferenciadas: el Ordinario (parte invariable de la misa) y el Propio (parte variable de la misa, ajustada al tiempo litúrgico y a la solemnidad). A nivel compositivo la diferencia básica entre los cantos reside en la letra. Los cantos del ordinario siempre tienen la misma letra, mientras que en los cantos del propio la letra varía, como puede cambiar la música, según el calendario litúrgico. Las colecciones de cantos litúrgicos se incluyen en el *Graduale Romanum*, que contiene los cantos del Propio y el Ordinario de la Misa.

a) Los cantos del Ordinario de la Misa

El Ordinario está compuesto por textos invariables que se repetían en todas las misas:

- *Kyrie* es la repetición de "Kyrie eleison, Christe eleison, Kyrie eleison" ("Señor ten piedad, Cristo ten piedad, Señor ten piedad"). Cada parte se repite tres veces y se distingue por ser el único canto en griego en lugar de latín. Frecuentemente se le canta en un estilo melismático.

- *Gloria* se omite en Adviento y Cuaresma, en los días de penitencia y en los días normales. La estructura continua del texto de la oración limita el desarrollo melódico, pues carece de repeticiones que puedan proporcionar un patrón musical para la pieza en su conjunto. Normalmente el texto se alterna entre partes del coro o entre el coro y la congregación.

- *Credo* fue el último canto en ser autorizado por Roma, aunque ya aparecía en la misa en el s. VI en las liturgias orientales y en la mozárabe. El oficiante entona la primera frase *Credo in unum Deum* (Creo en un solo Dios), y el coro continúa desde *Patrem omnipotente* (Padre Omnipotente)" hasta el final del Credo. En cuando a los aspectos melódicos, tiene un ámbito estrecho, sin saltos melódicos y su estilo es silábico, con ritmo libre marcado por la palabra.

- El *Sanctus* llamado antiguamente Trisagio por ser un himno en honor de la Santísima Trinidad en el que se repite tres veces 'santo'. Se canta en los ritos de la liturgia católica, ortodoxa y protestante. Su estructura permite la elaboración de una forma musical tripartita "aba" o "aa'b". Al formar parte del Ordinario, hay muchas versiones musicales de esta pieza.

- El *Agnus Dei* se reza poco antes de la Comunión, tras la oración de la paz y es una de las partes llamadas "invariables" de la misa, que siempre se cantan o recitan con el mismo texto y en el mismo lugar de la liturgia.

- *Ite, missa est* significa la despedida, literalmente "Id en misión", es la fórmula final con la que se despedía a la asamblea.

b) Los cantos del Propio de la Misa

Los propios están constituidos por piezas que se cantan en función del tiempo litúrgico o según la fiesta que se celebra. Cambian cada domingo, lo opuesto a los cantos del Ordinario, cuyos textos nunca cambian. Los cantos que forman parte del Propio de la Misa son:

- *Introito*, canto de entrada para iniciar la celebración.

- Aleluya, cantado después de las lecturas.

- Ofertorio para acompañar la procesión de las ofrendas.

- Comunión.

Existen otras piezas que se cantan como recitativos (*cantillatio*), son las oraciones, las lecturas, el prefacio y la oración eucarística, el Padre Nuestro. Eran piezas que, por su sencillez, podían ser ejecutadas por el celebrante o por los asistentes pues no requerían de especiales habilidades para el canto.

El drama litúrgico

Consistía en la puesta en escena de pequeños pasajes litúrgicos o de la vida de los Santos, cuyo significado era esencialmente pedagógico. Se trataba de representaciones que se iniciaron dentro de las iglesias, al igual que muchos siglos antes se había producido en los templos de la antigua Grecia. El origen de este drama estaba en la misma religión y tenía como objetivo presentar una forma de teatro que tenía un contenido moral y edificante.

Al principio formaba parte del culto celebrado en la misa, como explicación del texto sagrado, con cortos diálogos en latín, que posteriormente se substituiría por la lengua vernácula. Las representaciones se desarrollaban frente al altar, escenificadas por los propios clérigos; después pasarían al atrio, bajo el soportal de entrada al templo y los sacerdotes serían reemplazados por seglares que se reunían incluso en cofradías de actores, lo que favoreció la inclusión de elementos jocosos y profanos.

El *Misteri d'Elx* es un drama sacro-lírico religioso que recrea la Dormición, Asunción y Coronación de la Virgen María. Dividida en dos actos, la obra se escenifica cada 14 y 15 de agosto en el interior de la Basílica de Santa María de Elche. Investigaciones recientes sitúan su origen en torno a la segunda mitad del siglo XV, al que se añadieron melodías renacentistas y barrocas. El drama es completamente cantado, aún hoy todos los personajes son representados por varones, tratando de respetar así el origen litúrgico-medieval del mismo, que prohibía expresamente la aparición de mujeres en este tipo de representaciones.

Se trata de la única obra en su género que ha sido representada sin interrupción hasta la actualidad. Superó incluso la prohibición del Concilio de Trento de representar obras teatrales en el interior de las iglesias gracias a la bula que concedió el papa Urbano VIII en 1632, otorgando a Elche el permiso para continuar con la representación.

El *Canto de la Sibila* es un drama litúrgico de melodía gregoriana que se interpreta de forma tradicional en las misas de Navidad y en la Semana Santa. La Sibila es un personaje mítico que puede profetizar el futuro gracias a los poderes adivinatorios concedidos por Apolo. La Sibila de la mitología clásica se introdujo y adaptó en el primer cristianismo como oráculo de la venida de Cristo y de su Resurrección. Se representa en la Misa del Gallo en las iglesias de Mallorca y en Alguer (Cerdeña.)

LA MÚSICA PROFANA EN LA EDAD MEDIA

La escasez de fuentes conservadas dificulta el estudio del desarrollo de la música profana en el período dada la tradición oral, el analfabetismo y los prejuicios de los clérigos a transcribir unas composiciones cuyo texto no era latino ni de contenido religioso.

Contexto histórico

A finales del siglo X y sobre todo en el XI Europa conoció un periodo histórico de progreso continuado en todos los frentes. Con la pacificación impuesta tras las conquistas de Carlomagno en el norte europeo y el desarrollo técnico aplicado a la agricultura se roturaron nuevas tierras y se ampliaron las zonas de cultivo, lo que reportaría un aumento demográfico. La mayor prosperidad potenció la artesanía y el comercio, gracias a la venta que se realizaba en los mercados urbanos y las ferias. La revitalización de la vida urbana coincidió con una etapa de menores disturbios, en la que habían concluido ya las grandes invasiones medievales de los siglos anteriores sobre la Europa post-carolingia y los estados feudales consolidados volcaron su actividad militar más allá de sus fronteras. El resultado más tangible quizá sean las cruzadas, tanto las terrestres como las dirigidas por mar, hacia los Santos Lugares o la Península Ibérica.

La clase feudal dirigente disponía de mayor tiempo de ocio y relativa calma. En el ámbito de esta esfera social surgió un género de canción que se diferenciará de la música litúrgica fundamentalmente por la lengua empleada y los temas tratados. Surge así el fenómeno de la música trovadoresca, pronto internacionalizado más allá de unas fronteras precisas que hoy reconocemos en el Mediterráneo francés. Aunque no podemos saber hasta qué punto esta tradición se remonta a la época antigua, tal vez persistía de forma oral pues desgraciadamente poco queda para juzgarla con criterios válidos. Los textos sobre los que se materializó fueron los poemas épicos. Las primeras canciones aparecieron en el s. X y las últimas fueron creadas en el curso del s. XV. Solían cantarse con acompañamiento de arpa o vihuela.

Difusión de la música medieval: clérigos, errantes, goliardos, juglares y ministriles

Los clérigos errantes, o estudiantes errantes, y los goliardos fueron los autores de la mayoría de los poemas anónimos de la lírica latina medieval. Si bien todos vivían de su habilidad como escritores, entre ellos, existían evidentes diferencias, porque los primeros, aunque nómadas, continuaban siendo clérigos y disfrutaban de los privilegios de esta clase y de la protección de la Iglesia, por más reprobable que fuera su comportamiento. En cambio, los goliardos eran clérigos que habían abandonado la vida religiosa y proliferaron en Europa con el auge de la vida urbana y el surgimiento de las universidades en el siglo XIII. Sus canciones satíricas expresaban el descontento popular, criticaban a la Iglesia, a la sociedad establecida y al poder. También escribieron composiciones líricas donde elogiaban la taberna, el vino, el juego, las mujeres y el amor. Estas obras son de carácter muy diverso, desde poemas sencillos hasta otros muy elaborados y retóricos.

En un lugar inferior en la escala social se situaban los juglares, una especie de cómicos vagabundos que se valían de todo tipo de recursos como entretenimiento (malabarismos, canciones, acrobacias,...). En los siglos XII y XIII mejoraron su posición al organizarse en cofradías religiosas de carácter asistencial, que fueron el origen de los posteriores gremios de músicos. En cambio en los territorios peninsulares tras la conquista, los juglares eran mudéjares asociados en compañías que eran contratados para amenizar bailes y fiestas. A partir del siglo XIV su situación social fue diversa, algunos trabajaron vinculados a una corte, a un concejo municipal, otros se asociaron en compañías que se contrataban en las ceremonias y festividades. Por otro lado, el término juglar puede considerarse sinónimo de ministril, en general cantaba canciones compuestas por otros poetas y, gracias a su vida vagabunda, estos comediantes contribuyeron a difundir la lírica latina y las obras de trovadores y troveros.

El fenómeno trovadoresco

Su origen se sitúa en Aquitania, se inicia en el último tercio del s. XI en el sur de Francia, de allí se expandió al norte, donde fue continuado por los *minnesinger* en el ámbito alemán. Fue un movimiento ligado al florecimiento de la vida caballeresca y al signo de las cruzadas, que tuvo su auge a principios del s. XIII y decayó a finales de siglo XIV con la decadencia de la caballería. Era un arte culto propio de la aristocracia.

Etimológicamente, los vocablos trovador y trovero significan inventores, "los que encuentran", porque ellos creaban el texto y la música asociada a él. La diferencia básica entre ellos fue el idioma de sus obras, ya que tomando el río Loira como frontera se distinguirían al sur los trovadores, que cantaban en *langue d'oc*, y los troveros al norte, que usaban la *langue d'oil*. Por su dedicación creativa, tenían categoría de intelectuales lo que los distinguía de los juglares que se limitaban a la interpretación.

A pesar de la diferencia cronológica entre ambos movimientos, trovadores y troveros tuvieron muchos puntos en común: sus repertorios son contiguos y casi contemporáneos, sus líricas presentan rasgos idénticos de funcionamiento y su música es monofónica.

Fue un fenómeno originado en Occitania a finales del siglo XI y se extendió por el occidente Europeo, prendiendo en la Corona de Aragón y el norte de Italia, para conformar una literatura de notable unidad. No se sabe con certeza por qué nacieron en la región al sur del Loira y al oeste de los valles del Ródano, en la Provenza y en Aquitania durante el siglo XII, el primer trovador conocido fue Guillermo de Poitiers (1071-1127), también conocido como Guillermo IX de Aquitania. Los trovadores pertenecían generalmente a la nobleza, eran personajes a medio camino entre el guerrero y el cortesano, con sus composiciones amorosas y de propaganda política. Con sus debates y su visión del mundo, reflejaron la historia cultural y política coetánea con una variedad que no encontramos en ningún otro documento de la época. Su poesía dio origen a uno de los géneros más cultivados en Europa occidental, aún vigente hoy en el estilo de los cantautores que se remonta a las composiciones de los siglos XII y XIII.

En los ambientes musicales franceses del s. XIII se empezó a prescindir de la palabra juglar para referirse al músico que estaba al servicio e un noble y, en cambio, pasó a llamársele "menestrel", como a los demás servidores o ministriles que servían en una casa determinada. El nombre se hizo pronto de uso corriente y, a la par, el de juglar fue adquiriendo el significado de músico vulgar, quedando al final sólo para los artistas circenses.

Resulta curioso observar que el cambio de nombre de juglar por el de ministril no tuvo lugar en el reino de Aragón hasta mediados del s XIV y aún al principio se aplicó sólo a ciertos músicos extranjeros que estaban de paso por el reino. Se reservó el término juglar para artistas callejeros, circenses, chocarreros que con sus dichos y burlas trataban de entretener al pueblo. Juglares eran además "ciertos moros oriundos del reino de Valencia, profesionales de la música y la danza árabes; por lo que parece, a veces actuaban en pequeños grupos y otras en solitario

Era costumbre del juglar cortesano cantar acompañándose de un instrumento o bien acompañar el canto de un trovador. Parece natural que el cambio del nombre de juglar por el de ministril no implicara un cambio de sus funciones; sin embargo, teniendo en cuenta que el movimiento trovadoresco tuvo sus límites y que ya del s. XIV no se recuerdan músicos-poetas q cantaran sus propias composiciones, el ministril se iría especializando cada vez más en la interpretación de las obras de autores de su época o de épocas pasadas, tanto en lo que se refiere al canto como al acompañamiento instrumental.

Se conocen unos 350 trovadores de origen social muy diverso, desde personajes importantes de su época, como Guillermo de Poitiers al Papa Clemente IV, hasta trovadores famosos de origen humilde, como Marcabrú que empezó como juglar. Han llegado a nuestros días pocos casos de trovadoras, siempre de la nobleza, como la condesa Beatriz de Día.

En el caso de los trovadores de más alta posición, la creación literaria era un ornamento más y un ejercicio de ingenio, mientras que los procedentes de clases más humildes dependían de su habilidad para sobrevivir y prosperar. La "amiga" a la que dirigen sus escritos es muchas veces la esposa de un señor importante que les permitirá entrar bajo su protección, de esta manera insertan el concepto de amor hacia una dama superior, considerada su "señora", lo cual refleja un sistema de relaciones feudo-vasalláticas en las que el enamorado aparece como rendido servidor.

Pese a estas diferencias sociales había una tendencia a considerarse como iguales entre ellos ya que compartían una misma actividad, aunque con finalidades diferentes. No obstante, ello no impedía que fueran conscientes de su posición en la jerarquía social de la época y algunos marcaban esta distancia mediante un lenguaje enrevesado y lo oponían a un estilo más ligero defendido por otros. En el caso de los trovadores de menor rango social, su emplazamiento en la corte suponía un prestigio y algunos incluso llegaron a convertirse en consejeros y a disfrutar de la confianza de grandes señores.

En general eran autores con una buena formación. Sus poemas se caracterizaban por la imposición moldes estrictos de métrica y versificación, que no admitían la improvisación y requerían una elaboración lenta mediante la escritura. Además seguían los tratados sobre la lengua y el arte de trovar que fueron apareciendo progresivamente, como *Razos de trobar* de principios del siglo XIII, de Ramón Vidal de Besalú, *Reglas de trobar* (1289-1291) de Jofre de Foixá o el enciclopédico *Lo breviari d'amor* (1288-1292) de Matfre Ermengaud.

Géneros trovadorescos

La poesía trovadoresca era sobre todo de temática amorosa, cantos al amor cortés, pero también podía centrarse en aspectos políticos, morales o literarios. Es posible clasificarlos en tres apartados:

1) Géneros condicionados por la versificación: en ellos se tienen en cuenta los aspectos métricos y no la temática, que solía ser amorosa: balada, danza.

2) Géneros condicionados por el contenido:

- **Cansó** o *Chanson* en francés fue el tipo más importante, era un canto al amor cortés en la que los trovadores cantaban su aspiración platónica hacia una dama idealizada. Su expresión es sublime y el amor irrealizable, ya que siempre se interponen obstáculos de diversa índole (morales, sociales, psicológicos,...) que obligan al enamorado a superar una serie de pruebas. Durante este periplo se resaltan las virtudes del caballero. El amor se entiende como la realización de un proceso de progreso interior según un código de perfección cortés.

- El **sirventés** es una canción de servicio en honor al noble en cuya corte el trovador era un sirviente; pueden tener carácter satírico, político, laudatorio,... Se consideran variantes de este tipo el planto, una elegía en que el poeta lamenta el fallecimiento de un ser querido y el *enuig* en el que se lamenta de los problemas de la vida cotidiana.

- El **alba** es un subgénero que describe el disgusto de los amantes que tras pasar la noche juntos tienen que separarse al llegar la mañana.

- La **pastorela** narra el encuentro en el campo de un caballero con una pastora, a la que intenta seducir. Es una composición dialogada, con un lenguaje picaresco y vivo, que no corresponde a una situación real sino que es inventada por el trovador.

- **Debates** y **diálogos** entre trovadores: composiciones en que dos trovadores se enfrentan a través de un diálogo con una temática variada.

Según el argumento del relato, otros estilos son el *Plaer, Salut d'amor, Somni,...*

ORIGEN Y RAZÓN DEL NACIMIENTO DE LA POLIFONÍA

Su surgimiento se debe al deseo de embellecimiento musical de la liturgia. Las primeras referencias escritas se remontan al siglo IX, en el célebre tratado *Musica Enchiriadis* (h. 900), fuente de capital importancia para estudiar los inicios de la polifonía escrita, aparecían los primeros ejemplos que trataban de sistematizar las prácticas polifónicas orales. Al principio era un simple acompañamiento no escrito añadido al canto llano. Su invención fue uno de los acontecimientos más significativos de la historia de la música occidental puesto que es precisamente la organización de los sonidos en un acorde vertical lo que la distingue de las demás. La primera manifestación polifónica que se conoce es el llamado *organum*, que consistía en la duplicación de un canto llano preexistente mediante un movimiento paralelo a un intervalo de octava, quinta o cuarta justas. Las dos voces siempre comienzan y terminan en la misma altura (unísono). Además el ritmo no se escribía, simplemente seguían el ritmo tradicional del canto gregoriano.

La principal contribución del *organum* fue familiarizar el oído con las principales consonancias de los intervalos armónicos. Surgió en el siglo IX, los primeros tipos de *organum* responden a este modelo, en el que el canto llano era la voz principal a la que se añadía la voz organal, el resultado se conoce como *organum* simple. En líneas generales, la evolución de la práctica organal puede resumirse en:

El *organum purum* o estricto se desarrolló entre los años 900 y 1050. Se caracteriza por el movimiento paralelo entre dos, tres o cuatro voces que se construyen por duplicación; la voz principal lleva el canto gregoriano y la relación de todas las voces es siempre de *punctum contra punctum* (nota contra nota): a cada nota de la voz principal corresponde una en la voz organal.

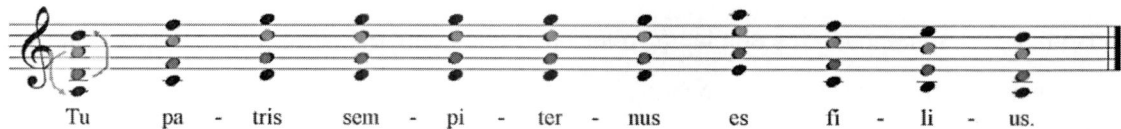

Fig. 1.- Organum estricto o paralelo

El *organum* libre tuvo su desarrollo entre 1050 y 1150 aproximadamente. En él las voces podían duplicarse de manera cambiante, en movimiento paralelo, oblicuo o contrario. De este modo, la libertad para introducir distintas relaciones interválicas y la serie de normas que se establecieron otorgaron mayor riqueza sonora a las composiciones. En el *organum* libre si la voz principal ascendía la voz organal debía descender, si una reposaba en el grave, la otra debía hacerlo en el agudo, si el reposo se producía a media altura, debían tender al encuentro para producir el unísono. Los frecuentes cruces de voces se resolvían volviendo al unísono para separarse de nuevo cada una hacia su tesitura. El sistema de relación entre las voces era de *punctum contra punctum*. El problema del *diabulus in musica*, ocasionado por el tritono Fa-Si, se resolvió con la notación de Si bemol, la única alteración en las escalas modales medievales.

Fig. 2. Organum libre

El *organum* melismático o florido se desarrolló a partir de 1150 en Santiago de Compostela y San Marcial de Limoges. Fue una variación sobre lo existente en que la voz principal se situaba y mantenía en el registro grave, llevando el canto gregoriano en notas tenidas, origen de la denominación de tenor gregoriano derivada del verbo latino *tenere*, mantener. Se convirtió en la base del *cantus firmus* conocida como tenor gregoriano, sobre el que se estructurarían y formarían las composiciones polifónicas posteriores.

En el canto la voz organal se desarrollaba por encima de forma melismática, abandonando la técnica de nota contra nota. El melisma planteaba todo tipo de movimientos sobre la nota tenida, utilizando los principios del *organum* libre. Tenía que evitar del tritono y ser consonante en sus encuentros con la voz principal en unísono, octava, cuarta o quinta justas. Para definirlo como *organum* melismático el melisma debía ser mayor de tres notas por cada nota tenida.

LA MÚSICA EN EL RENACIMIENTO

En música nacieron nuevas formas, estilos y técnicas que dieron lugar al nacimiento de una nueva forma de componer. El músico deseaba crear, experimentar. Se desarrolló como un trabajo planificado, cuidadosamente organizado, lo que implicaba la racionalización del proceso.

La música vocal *a capella* fue el modelo básico, pero partiendo de ella comenzó a desarrollarse una música instrumental autónoma. El espíritu humanista (antropocentrismo) patrocinó la producción de obras de carácter profano, bien acogidas en los ambientes cortesanos.

El músico del Renacimiento

Vivía dentro del sistema de mecenazgo, de la Iglesia o de otras comunidades laicas. La música estaba ligada al poder y a las cortes, que contrataban músicos y mantenían capillas a imitación de las existentes en las catedrales. Se dedicaban a animar fiestas, banquetes. El músico adquiría formación en ámbitos eclesiásticos, pero en las cortes recibía un salario más alto aunque desempeñara más funciones. En ambos casos, lucharon para que se reconociese su posición social y su empleo. En esta época nacía la noción de compositor.

Estilo musical renacentista

La música renacentista se caracteriza por una suave sonoridad que deriva de la aceptación de la tercera como intervalo armónico consonante uniéndose a cuartas, quintas y octavas ya admitidas en la Edad Media. Asimismo, aumentó progresivamente el número de voces, todas de igual importancia y regidas por las reglas del contrapunto que comienzan a cifrarse en estos momentos: independencia de las voces, preparación y resolución de las disonancias, uso de terceras y sextas paralelas, exclusión de las quintas y octavas paralelas, etc. Así, el prototipo de obra musical renacentista es una pieza vocal de textura polifónica, frecuentemente imitativa, escrita para entre tres y seis voces de carácter *cantabile*. Cada línea melódica o voz podía ser cantada o interpretada con instrumentos.

Si bien la extensión de cada línea apenas supera la octava, la extensión general del conjunto rebasa ampliamente las dos octavas. Se evita el cruce entre las voces, por lo que ganaron en diversidad creando mayores contrastes respecto a la polifonía medieval. El sistema melódico sigue siendo el de los ocho modos gregorianos. Sin embargo, las características modales de la música renacentista comenzaron a agotarse hacia el final del período, de modo que se recurrió al uso creciente de intervalos de quinta para facilitar mayor movimiento entre las notas fundamentales, característica definitoria de la tonalidad.

Aparece la sonoridad plena gracias al desarrollo de la polifonía a cuatro voces de timbres contrastantes. Todas estas voces tenían igual importancia y presentaban los motivos temáticos en textura de contrapunto imitativo. La rítmica se simplificó en busca de un ritmo más fluido. Se recurrió a esquemas repetitivos, con formas y proporciones sencillas.

Principales formas musicales del Renacimiento

El **motete** (del francés *motet*, y éste de *mot*: palabra, mote) es una composición polifónica de texto comúnmente bíblico nacida en el siglo XIII para cantar en las iglesias. En el siglo XV y siglo XVI se expandió como pieza vocal polifónica *a capella* sin acompañamiento instrumental, con carácter dramático e imitativo. Hasta el siglo XVII seguía siendo una de las formas musicales más importantes de la música polifónica.

El **madrigal** es una composición de tres a seis voces sobre un texto secular, a menudo en italiano. Musicalmente reconoce orígenes e influencias de otras formas musicales como el motete y la *chanson* francesa. Generalmente el nombre se asocia al madrigal de fines del siglo XIII y principios del siglo XIV en Italia, compuestos en su mayoría para voces *a capella* y en algunos casos con acompañamiento de instrumentos doblando las partes vocales.

El madrigal fue la forma musical profana más importante de su tiempo. Floreció especialmente en la segunda mitad del siglo XVI, perdiendo su importancia alrededor de la tercera década del siglo XVII, cuando se desvanece por el desarrollo de nuevas formas vocales como la ópera y se mezcla con la cantata y el diálogo.

Chanson es un término francés, que en español alude a cualquier canción con letra en francés. Es una pieza polifónica que nace entre la Baja Edad Media y el Renacimiento. Las *chansons* antiguas tendieron a presentar una forma fija como balada, rondó o *virelay*, aunque posteriormente muchos compositores usaron la poesía popular en variedad de formas musicales. Las primeras *chansons* fueron para dos, tres o cuatro voces. A veces los *chansoniers* se acompañaban con música instrumental. Son obras ligeras, rápidas, rítmicas y silábicas, con la melodía en la voz superior. Los temas son variados, aunque predomina el amoroso.

El **villancico** es de origen español, de raíz popular y armonizado a varias voces. Entre los siglos XV y XVIII, los villancicos eran canciones profanas con estribillo. Se trataba de composiciones de naturaleza popular, cantadas por los habitantes de las villas. Eran cantados en fiestas populares, siendo los principales temas los acontecimientos recientes del pueblo o la región. El género se amplió posteriormente hasta incluir temas de diverso tipo.

La forma poética está influida por composiciones tradicionales de origen mozárabe. La estructura básica del villancico la forman la alternancia entre estribillo y coplas.

El **rondó** (del francés *rondeau*, ronda o danza en círculo), es una forma musical basada en la repetición de un tema principal que reaparece y se alterna con diferentes temas intermedios, llamados couplets. En la música tardomedieval fue una forma concreta de canción profana. En un rondó, el tema principal (A) suele desarrollarse tres veces o más. Estas repeticiones se alternan con temas musicales o episodios llamados contrastes:

A. Tema principal.

B. Primer episodio en otra tonalidad.

A. Repetición del tema principal.

C. Segundo episodio en otra tonalidad.

A. Repetición del tema.

Canzona es un término italiano que corresponde a un poema lírico de 4 o 5 estrofas, de 8 versos cada una. Son composiciones ligeras, rápidas y contrapuntísticamente sencillas. Se escribían para conjuntos y solistas. En el siglo XVI se hacen transcripciones para laúd e instrumentos de tecla, convirtiéndose en un género instrumental.

La producción musical en el siglo XV

Algunos historiadores hacen girar la actividad musical durante el siglo XV alrededor de tres ejes: Inglaterra, Borgoña y Flandes, ello no impide reconocer que Italia y España, con sus capillas musicales tengan un gran prestigio. Sin que puedan considerarse escuelas en sentido propio, es indudable que pueden reconocerse distintas tendencias o generaciones relacionadas con determinados países, centros de producción y ambientes. Así, la musicología divide los dos siglos abarcados por el estilo renacentista históricamente en generaciones de compositores, que parten en gran medida de la pujanza artística y musical del entorno de Borgoña y Flandes.

En virtud de sus alianzas matrimoniales, los duques de Borgoña reunieron bajo su autoridad los territorios flamencos. Su corte, sin residencia estable, circulaba por los dominios ducales, lo cual propició el movimiento de los principales músicos que estaban a su servicio, lo que favoreció la difusión de los procedimientos musicales practicados en su capilla musical. Los principales autores que estuvieron activos en esta época eran oriundos de la región o estaban vinculados a la corte. Su capilla musical se componía de cantores e instrumentistas de todos los rincones del mundo, ya que su prestigio era tal que los modelos musicales y el estilo practicado en ella pasaron a otras cortes, como la papal en Roma, la del emperador de Alemania, la de los reyes y príncipes en Italia, Inglaterra, Francia, Castilla, Aragón y Portugal.

En este contexto aparece **Josquin des Prez** (1450-1521 o 1524), uno de los mayores genios de la historia de la música, cuyo estilo polifónico claro, limpio y elegante se convierte en modelo internacional. Está considerado el más famoso compositor europeo del Renacimiento, la figura central de la escuela musical flamenca.

Obras e influencia: desempeñó su primera actividad musical como cantor del Duomo de Milán y más tarde al servicio de los Sforza y de los duques de Ferrara. Sus primeras obras se caracterizan por la búsqueda de una simetría en los elementos compositivos para conferir mayor claridad y simplicidad. Su estancia en Italia a una edad muy temprana es la que probablemente determina la diferencia respecto a sus predecesores y contemporáneos franco-flamencos. Esta distancia se advierte sobre todo en el equilibrio entre la ciencia contrapuntística, la armonía escolástica y la eficacia de una música que busca la emoción y el sentimiento individual.

En la actualidad su música es a menudo interpretada y cantada, porque contiene una atracción emocional directa. La musicología contemporánea tiende a considerar los cambios en estilo como corrientes de adaptación e influencia y, en este sentido, Josquin está considerado como un autor que fue capaz de utilizar simultáneamente la mayoría de las tendencias de su época y de innovarlas significativamente. Igualmente, destacó por su capacidad para expresar una intensa emoción con gran economía de medios.

Se le atribuyen 32 misas, muchas de las cuales fueron impresas, otras se conservan dispersas en forma manuscrita en los archivos de Roma, Munich, Viena, Basilea, Berlín, en la Catedral de Ratisbona y en la de Cambrai. Entre las misas más célebres se encuentran la misa *Ave Maris Stella* y la misa *Pange Lingua*. También sus 98 motetes fueron publicados y alcanzaron una gran difusión, así como numerosos fragmentos y obras cortas.

Además de la música sacra, Josquin escribió numerosas *chansons*, algunas de las cuales fueron muy populares y circularon por todo el continente, muchas de ellas cantadas regularmente por grupos vocales *a cape*lla hasta hoy en día.

La música en el siglo XVI

La música producida durante el siglo XVI ocupa por tanto un lugar destacado en su historia universal. Factores de toda índole contribuyeron a ello: sociales, políticos, religiosos, culturales, tecnológicos. El boato de las fiestas en las cortes, la mayor solemnidad en el culto divino mientras se alientan las prácticas de religiosidad individual fomentadas por la *devotio moderna*, la Reforma y la Contrarreforma religiosa, la acción del mecenazgo, los constantes viajes de artistas, seducidos muchos de ellos por el gran polo de atracción que era Italia. A ello se sumó la utilización de la imprenta para la difusión de las obras, desde que Ottavino Petrucci en 1501 iniciara en Venecia su actividad como impresor de canciones, motetes y misas. De este modo se favoreció el intercambio de ideas, estilos, técnicas y se propició un clima de vitalidad sumamente beneficioso para la creación musical.

La condición del músico varía, en la medida en que los más altos estratos de la sociedad donde van a ejercer también han cambiado. Los músicos desempeñan sus funciones en las capillas de los príncipes, civiles o eclesiásticos, cuya vida cortesana es muy distinta a la de los siglos anteriores. También las capillas musicales de las catedrales y colegiatas gozan de una extraordinaria bonanza económica. En las iglesias sobresale el organista, que debe ser capaz de improvisar y componer sus propias obras adecuadas al culto. Otros músicos son los cantores e instrumentistas dirigidos por un maestro de capilla. Todos ellos son profesionales mal pagados, por lo que en busca de mejor salario recorren medio mundo. Su formación se realiza en las mismas escuelas que poseen las propias iglesias con vistas a mantener un grupo cualificado de niños de coro. Aquellos que ejercen su actividad en las capillas de reyes o príncipes suelen gozar de mejor situación social; su retribución solía adecuarse a la liberalidad del mecenas así como a la cantidad y variedad de las funciones exigidas.

Los instrumentistas, sobre todo los solistas virtuosos de un instrumento polifónico como el laúd, la vihuela o de un instrumento de teclado, tendrán especial consideración. Unos y otros eran esclavos de una profesión que apenas se distinguía del resto de oficios. Aun así, su música traspasó la barrera de la historia como jamás pudieron imaginar.

La naturaleza de las instituciones que dan empleo a los músicos, su importancia política y económica, condicionaron el desarrollo de la producción y del ejercicio de la música. Todos cuantos detentaban el poder intentaron rivalizar entre sí para alcanzar la supremacía, no sólo en lo referente a acciones militares sino también en el esplendor de su corte. Países con un poder centralizado como Francia, Inglaterra o España tuvieron aglutinada en una sola corte la actividad musical más relevante. En cambio, en países políticamente fragmentados, como Alemania e Italia, sus numerosos principados poseyeron centros de gran relieve, siendo también en los siglos venideros lugares privilegiados para el desarrollo del arte musical.

Entre los autores más célebres, **Orlando di Lasso** (1532-1594), de quien poseemos escasa información acerca de su juventud y sus años de formación. En 1553 fue nombrado maestro de capilla de la Basílica de San Juan de Letrán en Roma, pero un año más tarde regresa a los Países Bajos y en 1556 es contratado por el Duque Albrecht de Baviera, quien intentaba crear un centro musical comparable a los principales de Italia. Permaneció el resto de su vida en la corte de Baviera, donde adquirió fama y compositores como Andrea Gabrieli acudían allí a estudiar con él. Su renombre se extendió incluso fuera de los círculos musicales. A finales de la década de 1570 y principios de 1580 realizó varias visitas a Italia, donde conoció nuevos géneros y tendencias. Sin embargo, su estilo se mantuvo conservador, incluso volviéndose más simple y menos refinado que antes.

Lasso fue uno de los más prolíficos, versátiles y universales compositores del Renacimiento tardío. Escribió más de 2000 composiciones en todos los géneros conocidos en su época, con música vocal con letras en latín, francés, italiano y alemán. Esto incluye motetes, madrigales italianos y *villanelle*, lieder alemanes, *chansons* francesas que estilísticamente varían desde dignas y serias hasta divertidas y subidas de tono. No se conoce música suya estrictamente instrumental.

Igualmente, **Giovanni Pierluigi da Palestrina** (h. 1525-1594) nombrado sucesor de Orlando di Lasso como maestro de capilla de San Juan de Letrán, fue cantor, compositor y maestro de coro. Se mostró siempre insatisfecho con las reformas de la liturgia sacra dictadas por el Concilio de Trento, las cuales convirtieron en no canónicas algunas de sus misas y otras obras tempranas por contener interposiciones profanas ajenas al texto litúrgico. Sin embargo, Palestrina es considerado hoy como el autor más representativo de obras polifónicas ajustadas a las nuevas exigencias de la Contrarreforma. Sus obras destacan por la claridad lograda en la melodía, que sitúa siempre en la voz superior, ajustando con precisión el ritmo del discurso.

Desarrolló un estilo de contrapunto fluido, libre, con una densa y rica textura en la que el *rittardando* era muy habitual. En ella las disonancias eran seguidas por consonancias en cada pulso. Su producción resume el siglo que le precede, supo asumir y compendiar todas las formas musicales desarrolladas y asimiló las técnicas de composición polifónicas y sus géneros. Optó siempre por texturas claras. Su obra es casi íntegramente religiosa. Este estilo quedó fijado como modelo para la música religiosa de su tiempo y desde entonces para la enseñanza del contrapunto académico.

La policoralidad veneciana

En Venecia, desde 1534 hasta aproximadamente 1600, se desarrolló una escuela que trasladó el esplendor del color y las diferentes tonalidades expresivas a la música mediante el estilo policoral. Se basaba en el uso de *cori spezatti*, en que distintos grupos corales e instrumentales, ejecutaban sus partes a veces en oposición, a veces en conjunto, unidos por el sonido del órgano. Esta escuela adelantaba en Europa el Barroco y sus formas contrapuntísticas, con los múltiples coros de cantantes, metales y cuerdas en diferentes repartidos en distintos espacios de la Basílica de San Marcos de Venecia.

Las composiciones policorales venecianas de fines del siglo XVI fueron eventos famosos en su época y de gran influencia en la práctica musical de otros países. Las peculiares características de la Basílica de San Marcos en Venecia, con una arquitectura espaciosa y con dos órganos ubicados en lados opuestos impulsaron a los compositores a sacar ventaja de esta circunstancia. Se compara con la escuela pictórica veneciana del siglo XVI, porque ambas hacen uso profuso del color, aplicado el término, en el caso de la música, para denotar el dramatismo y el contraste. Estas múltiples combinaciones, que contenían ya el germen del estilo concertante, se difundieron por toda Europa en las décadas posteriores, empezando por Alemania y propagándose poco después a España, Francia e Inglaterra, marcando el principio del cambio estilístico que conduciría al Barroco musical.

LA MÚSICA EN EL BARROCO

El Barroco fue un periodo de la historia en la cultura occidental que abarca desde 1560 hasta 1750 aproximadamente. Como estilo artístico surgió en Italia a principios del siglo XVII de donde irradió hacia la mayor parte de Europa. Durante los siglos XVIII y XIX el término barroco tuvo un sentido peyorativo, con el significado de recargado, desmesurado e irracional, hasta que fue revalorizado a fines de siglo XIX. La palabra barroco fue inventada por críticos posteriores, que expresa el concepto de artificio confuso, de engaño, de capricho y de extravagancia.

Características de la música barroca

Se trata de una de las épocas musicales más extensas, fecundas y revolucionarias de la música occidental, así como la más influyente. Sus características más notorias son probablemente el uso del bajo continuo y el desarrollo de la armonía tonal, que la diferencia profundamente de los géneros modales anteriores.

Debido a la conciencia social de crisis, la actitud del hombre no es la de un ser sereno, tranquilo, seguro de sí mismo, sino la de un ser inquieto, que busca respuestas. Este sentimiento se traduce en una estética donde valores como la proporción y la regularidad no tienen cabida, sino que predominarán la tensión, la incertidumbre, el contraste, lo maravilloso y sobrenatural. Estos valores se verán transportados al lenguaje musical dramáticamente, dando lugar a la intensificación emocional, expresiva y sonora. Así, es posible sintetizar sus principales rasgos:

1. Intensidad emocional: se logra mediante el uso de la monodia acompañada, del bajo continuo, combinados con un intenso cromatismo reforzado con la disonancia.

2. Contraste: ritmo, medida, melodía y sonoridad. La combinación de estos factores da lugar al empleo de la policoralidad, la creación de ecos para crear ilusionismo y al desarrollo del estilo concertante.

3. Dinamismo: empleo de adornos, apoyaturas, trinos, desarrollo de nuevo recursos rítmicos como el *ostinato* (un diseño breve que se repite constantemente) y el *concitado* (rápida repetición de una misma nota).

4. Espectáculo teatral: artificios escénicos y musicales.

Algunas de sus características son compartidas por las artes plásticas. Entre ellos destacan los contrastes violentos, una gran pasión por la ornamentación, la pompa y el esplendor en los espectáculos públicos. El desarrollo del llamado "estilo concertante" se basa en la alternancia de contrastes sonoros y el diálogo entre el solista y el *ripieno* (relleno), aplicado a la orquesta daría lugar al *Concerto Grosso*.

Durante el Barroco los músicos siguen cultivando texturas heredadas del Renacimiento, pero las voces de sus obras ya no son iguales ni tienen la misma importancia, sino que se destaca la voz superior reduciéndose la escritura de las demás a un acompañamiento llamado bajo continuo. Esta textura se llama monodia acompañada.

Se desarrolla el género vocal recitativo, en el que el ritmo de la palabra determina el discurso melódico, según el principio de que la música ha de servir a la poesía. Paralelamente, se da un auge de la música instrumental pura, sin relación con ideologías que se deriven de un texto, como por ejemplo la música de danza. Formas típicas de esta época son la sonata, el *concerto grosso*, la ópera, el oratorio y el ballet francés.

A diferencia de épocas anteriores, la música sacra y la música profana conviven en igualdad de opciones, formando parte de la profesión musical. La mayor permisividad estética lleva a que la interpretación musical tienda a enriquecer las partes mediante una profusión de ornamentos y recursos expresivos.

Tiene gran importancia la teoría de los afectos, que considera la música como creadora de emociones, y la retórica, que transfiere nociones de la oratoria al discurso musical.

La música estaba abierta a nuevas adaptaciones. Muchos compositores creaban nuevas obras, adaptando o reescribiendo con algunas modificaciones de partituras anteriores, indicando estos cambios en la propia partitura o en las combinaciones de instrumentos. En la música vocal, los cantantes tenían varias partes donde podían improvisar.

El auge de la música instrumental

La música instrumental tiene un auge sin precedentes en los siglos XVII y XVIII; por primera vez en la historia, la música vocal y la instrumental están en plena igualdad. La música instrumental alcanzó su primera madurez, hay un gran florecimiento en géneros, técnicas, intérpretes y compositores que se acercaban a un profundo conocimiento de los instrumentos.

El cultivo de la música puramente instrumental llevó a un importante desarrollo de la técnica, al servicio de una fuerte expresión emocional. Se destacó el caso del violinista Arcangelo Corelli quien cuando tocaba en público "perdía el dominio de sí mismo", tenía los ojos enrojecidos y, pese a todo esto, lograba expresarse a la perfección.

Los instrumentos nacen, se perfeccionan y se estudian, conocen un momento de apogeo, en un proceso evolutivo largo y complejo. Su evolución es una sucesión lenta, ligada a los experimentos y a las mejoras introducidas por generaciones de fabricantes. Los gustos de la sociedad y los recursos técnicos influyen en este avance. En esta evolución destacan los siguientes factores:

- En el Barroco el público reclama timbres brillantes, perceptibles en la sala.

- El desarrollo de la organología está íntimamente ligado a la intención de buscar emoción, conmover. De los instrumentos renacentistas se mantuvieron los que tenían extensión amplia y flexible para permitir matices dinámicos.

- Exigencias de los instrumentistas que eligen determinados instrumentos más fáciles de tocar.

- El color, instrumentos con timbres contrastantes y amplia sonoridad.

- Perfeccionamiento de los instrumentos de vientos que les permite abarcar todas las tonalidades.

EL CONCIERTO

Fue una creación esencialmente barroca, cuyos elementos pueden rastrearse aisladamente en épocas anteriores, como el contraste entre el tutti y solo del estilo concertado. A partir de los tres tipos de instrumentación se distinguen los tres tipos de concierto:

a) Concierto policoral: divide la orquesta en varios grupos equilibrados en número de componentes, oponiéndolos entre sí según la tradición coral veneciana.

b) Concierto grosso: se compone de un pequeño número de solistas llamado concertino que se confronta con el resto de la orquesta denominada *tutti, concerto grosso* o *ripieno.* Consiste en una especie de transposición de la sonata a trío a la orquesta, en que el concertino conduce a la orquesta que calla en las partes de solo.

c) Concierto solista: se desarrolló conjuntamente al concierto grosso, del que sólo difiere porque la parte del concertino está interpretada por un solo instrumento.

Se componían habitualmente para violín, trompeta, flauta y oboe.

LA SUITE

Es un conjunto de movimientos o piezas de danza agrupados. La suite habitualmente tenía seis partes:

1. Allemande: danza alemana de compás cuaternario y tempo moderado.

2. Courante: movimiento que generalmente es un poco más rápido que el anterior, de compás ternario.

3. Zarabanda: danza lenta de compás ternario que acentúa característicamente su segundo pulso, de origen español.

4. Giga: danza rápida en diversos compases de subdivisión ternaria, de origen irlandés.

5. Minué: obra parecida a un vals. La suite suele contener dos minués emparejados.

6. Rondó: pequeña obra basada en la repetición de un tema (A), con intrusiones de (B, C, D, etc.)

La música de las suites suele ser aristocrática, vigorosamente rítmica y melódicamente rica, uniendo la variedad y decoro italianos a la gravedad alemana.

La *Camerata Fiorentina* y el nacimiento de la ópera

En los siglos anteriores canciones, villancicos y madrigales se intercalaban en festejos, banquetes y representaciones teatrales. Eran obras vocales con una marcada intención expresiva que a menudo se acompañaban de una cierta dramatización.

En el entorno del conde Giovanni de' Bardi esta idea fue acogida con entusiasmo por un grupo de humanistas, músicos, poetas e intelectuales florentinos unidos en la llamada *Camerata Fiorentina* o Camerata Bardi. Reunidos bajo el mecenazgo y la protección del conde Giovanni de' Bardi para discutir y guiar las tendencias en las artes, especialmente en lo relativo a la música y el drama. Se reunieron esencialmente desde 1573 hasta finales de la década 1580 en el palacio de Bardi. Sus reuniones tenían la reputación de contar con las personalidades más famosas de Florencia como huéspedes habituales.

El motivo de su asociación fue la creencia de que la música se había corrompido a través de las prácticas polifónicas y que mediante el retorno a las formas y el estilo de la antigua Grecia, el arte de la música podría perfeccionarse y así la sociedad también mejoraría. Las críticas a la música contemporánea que hizo la *Camerata* se centraron en el uso excesivo de la polifonía, que perjudicaba la inteligibilidad del texto cantado, por lo que propuso crear una nueva clase de música. El estilo musical que se desarrolló a partir de estos experimentos fue llamado una nueva forma llamada "drama en música" como vehículo capaz de una amplia expresión dramática, que sería conocida posteriormente como ópera. Otros compositores los siguieron y en la primera década del siglo XVII el nuevo "drama en música" se difundió ampliamente.

A nivel compositivo se trataba de la creación de una obra para canto solista en la que la melodía y el acompañamiento estaban pensados armónicamente, como una melodía acompañada. Este tipo de escritura se consideraba más adecuado para expresar el contenido de los textos según la moderna teoría de los afectos.

La melodía acompañada se caracterizaba por ser una sola línea melódica para canto acompañada de bajo continuo, del cual se escribía la línea del bajo confiando el desarrollo de los acordes al intérprete. Se caracterizaba por su virtuosismo vocal, su libertad rítmica y su poder emotivo, íntimamente relacionado con el contenido del texto.

Para que la ópera quedara definida tal como la concebimos en la actualidad hacía falta aún acomodar los elementos esenciales de la representación: los decorados, el vestuario, la realización escénica. Complejas maquinarias que ya se utilizaban con anterioridad conocieron a lo largo del siglo XVII un desarrollo extraordinario, para dar a la representación todo el aparato y la espectacularidad que requería la puesta en escena. De este modo, la ópera nació a partir de las experiencias desarrolladas en el seno de la *Camerata Fiorentina* en torno a 1650. Aunque las experiencias florentinas no fueron las únicas que contribuyeron a su creación. En otras ciudades y regiones de Italia se produjeron hechos similares.

Se consideran antecedentes del género el drama pastoril, ciertas composiciones madrigalescas y especialmente el *intermezzo*. El *intermezzo* o entremés era una pieza cantada de tema pastoril o mitológico que se incluía entre los actos de obras mayores como las tragedias o las comedias. En origen su función era amenizar las celebraciones sociales, ceremonias y banquetes, que se convirtieron en verdaderos espectáculos musicales elaborados, que incluían decoraciones con tramoyas espectaculares, coros, solistas, grupos de danza y grandes conjuntos instrumentales emplazados fuera de la visión del público. Pero en ellos el drama y la música estaban separados, lo que caracterizaría a la ópera sería precisamente la unión de ambos elementos, pues en la ópera la música participa en el drama y en la descripción de estados anímicos y sentimientos.

La primera obra maestra fue *Orfeo* de Monteverdi, estrenada en la corte de Mantua en 1607, que incluyó formas musicales diversas como arias, canciones de danza, dúos, madrigales e interludios instrumentales, además de una orquestación más rica, aunque ligada aún a la tradición de los intermedios. El *libreto* era ya de mayores dimensiones, escrito en 4 actos: 2 de carácter bucólico y 2 trágicos, con final heroico. Los temas y ambientes dramáticos están perfectamente reflejados por la música, gracias al color y los registros sonoros de los coros, con lo que consiguió una poderosa unidad dramático-musical. Esta obra abrió el camino al desarrollo posterior del género.

Aportaciones de los principales compositores del período

Georg Friedrich Haendel (1685-1759)

Aunque nació en el seno de una familia sin tradición musical, su talento se manifestó de tal modo que antes de cumplir los diez años comenzó a recibir clases de un organista local, las únicas a las que asistió en toda su vida. Impetuoso, pero con gran sentido del humor, y dotado con un gran talento para el drama, nacía el 23 de febrero de 1685 en Halle (Alemania). Su padre era barbero y cirujano de prestigio y había decidido que su hijo sería abogado, pero cuando observó el interés de Haendel por la música, que estudiaba y practicaba en secreto, cambió de idea y se mostró dispuesto a pagarle los estudios de música. De esta forma, Haendel se convirtió en alumno del principal organista de Halle, Friedrich Wilhelm Zachau, quien le enseñó a tocar el órgano, el clave y el oboe.

En 1705 viajó a Hamburgo, el centro operístico de Alemania, donde fue admitido como intérprete de violín y clave en la orquesta de la ópera. Allí compuso y estrenó con éxito *Almira*, su primera ópera. En 1706 se trasladó a Italia invitado por el príncipe Ferdinando de Medici, visitando Nápoles y Venecia, donde entabló amistad con A. Corelli y con D. Scarlatti, quienes influirán decisivamente en su música camerística posterior. En 1707 viajó a Roma, donde disfrutó del mecenazgo de la nobleza y del clero y compuso óperas, oratorios y cantatas profanas. Su estancia en Italia fue una de las etapas musicales más interesantes de Haendel, en la que se aprecia una nueva pasión expresiva. Finalizó con el éxito de su ópera *Agrippina* (1709).

A raíz del éxito obtenido en Venecia en 1710 comenzó a trabajar como compositor y director de orquesta de la corte del Elector de Hannover, cargo que aceptó con la condición de que se le permitiera viajar a Londres durante un año. Allí partió en 1712, a la corte de Jorge I de Inglaterra, donde fue nombrado tutor de los hijos del rey y pronto obtuvo el favor de la reina. A partir de 1713 Haendel compuso para varias academias y teatros de ópera, embarcándose en negocios musicales que estuvieron a punto de arruinarle, pese a su fino sentido para la música dramática, hasta el punto de que su obra orquestal no deja de ser más que una copia de esta forma. Conocido como el inventor del oratorio inglés, presenta las huellas ineludibles del estilo italiano ya que mantuvo en ellos la forma de la ópera que tanto le impresionó en Italia. De hecho, su música es un compendio del saber musical alemán, inglés, francés e italiano.

En 1717 entró al servicio de James Brydges, futuro duque de Chandos, como compositor residente, siendo en 1719 nombrado Director de la recién creada Royal Academy of Music, destinada a espectáculos operísticos, en la que se estrenaron algunas de sus grandes óperas: *Giulio Cesare* (1724), *Tamerlano* (1724) y *Rodelinda* (1725). Este mismo año viajó a Alemania, donde esperaba reunirse con Juan Sebastián Bach, con el que compartía su gusto por la melodía y el ritmo.

En 1723 es nombrado compositor de la Capilla Real, comienza a perfilarse entonces un Haendel maduro con un sentido práctico aplicado a su música, pese a que gusta de la improvisación como elemento imprescindible de su técnica compositiva. En 1727 Haendel obtuvo la nacionalidad británica. Durante los años treinta se consagró a la composición de oratorios dramáticos en inglés como *Athalia* (1733) y *Saúl* (1739) y de obras instrumentales que se interpretaban junto a los oratorios, entre las que se destacan los conciertos para solistas y los *concerti grossi*. En esta línea escribió *El Mesías* que pese a estar clasificado como oratorio es una composición de estilo épico cuyo fin es la contemplación devota. Recoge la vida de Jesucristo, sintetizando así el año litúrgico. Su carácter es ético ya que no está concebido para un uso litúrgico. Haendel sabía escribir bien para coro, con un estilo sencillo. En 1741 viaja a Dublín, donde su música es acogida con entusiasmo. Diez años después una enfermedad en la vista lo deja completamente ciego, falleciendo el 14 de abril de 1759 en Londres.

Haendel basó su música en estructuras sencillas, su estilo es una extraordinaria síntesis de los principales estilos nacionales de su época, tomando los mejores elementos y características de cada uno de ellos, fruto de sus estancias en Inglaterra, Alemania e Italia.

Su obra muestra la solidez y el contrapunto de la música alemana, la melodía y el enfoque vocal de la italiana; la elegancia y solemnidad de la francesa; la audacia, la sencillez y la fuerza de la inglesa. Haendel fue un fiel continuador de las técnicas y las corrientes musicales de su época, a las que no aportó ninguna novedad. Su música, especialmente en óperas y oratorios, adquirió un sentido dramático monumental, triunfante, poderoso y solemne. Sus óperas abarcan desde los esquemas rígidos y convencionales hasta un tratamiento más flexible y dramático de los recitativos, arias y coros. Su habilidad para construir grandes escenas en torno a un sólo personaje la retomarían autores como Mozart y Rossini.

En la música instrumental destacó en el ámbito de la improvisación, lo que explica la irregular calidad de algunas de sus obras escritas en realidad como guiones para el desarrollo improvisado, que explica la pérdida de gran parte de su producción. En su música orquestal, al margen de sus oratorios sobresalen sus conciertos, sonatas y suites junto a dos obras orquestales magníficas: *Música para los reales fuegos de artificio* (compuesta por encargo del rey Jorge II de Inglaterra, estrenada en el Green Park de Londres en 1749 en medio del regocijo popular) y *Música acuática* (compuesta en 1717 para una travesía que el rey Jorge I de Inglaterra debía hacer en su lujosa embarcación por el Támesis, entre Whitehall y Chelsea, en cuyo trayecto se había de celebrar una fiesta amenizada por la obra de Haendel.

Compuso suites y oberturas de gran originalidad en la música para clavicémbalo ya que adoptó patrones variados de diversos géneros: la sonata de iglesia, la estructura clásica de la suite, la combinación de diferentes géneros,... Estas suites tienen un gran sentido dramático, un aire de grandeza y utilizan tonalidades poco usuales, como la *Suite en fa sostenido menor*.

El legado de Haendel se basa en la fuerza dramática y en la belleza lírica de su música. La herencia más importante de Haendel es, sin duda, la creación del oratorio dramático, caracterizado por su imaginación creativa. En sus óperas incorporó a los esquemas convencionales un tratamiento más flexible y dramático de los recitativos, arias y coros. Destaca su habilidad para construir grandes escenas en torno a un sólo personaje que sería retomada después por compositores como Mozart o Rossini.

Antonio Lucio Vivaldi (1678-1741)

Nació en el seno de una familia de músicos. Su padre, el músico Giovanni Battista Vivaldi, apodado *Rosso* (Rojo), fue miembro fundador del "Sovvegno de' musicisti di Santa Cecilia", organización profesional de músicos venecianos, era violinista en la orquesta de la basílica de San Marcos y en la del teatro de S. Giovanni Grisostomo. Fue su primer maestro.

El 18 de septiembre de 1693, Antonio ingresó en un seminario y fue ordenado sacerdote el 23 de marzo de 1703. Más inclinado hacia la música que hacia las obligaciones religiosas, logró que se dispensara de decir misa por razones de salud. Su carrera estuvo marcada por tres grandes etapas:

Primer periodo (1703-1712)

El 1 de septiembre de 1703, recién ordenado sacerdote, fue nombrado maestro de violín de la orquesta del Ospedale della Pietà (un orfanato para niñas). Su función era la docencia y la dirección de la orquesta, que contaba con un coro famoso. Su nombramiento, aun siendo tan joven, para un puesto codiciado da testimonio de los importantes apoyos de los que gozaba y de la fama que había alcanzado como compositor a través de la difusión de sus obras y, sobre todo, de su formidable celebridad como prodigio del violín, que durante mucho tiempo suplantaría su renombre como compositor en Italia. Desde un principio, su relación con la Pietà vino marcada por continuas rupturas y reconciliaciones, debido a su personalidad histriónica e independiente. Pero ello no le impidió hacer de aquella institución su laboratorio de experimentaciones y su santuario, al mismo tiempo. En esta etapa de juventud adquirió ya fama europea en el terreno de la música instrumental, gracias a la publicación de dos Opus de sonatas para violín y dos colecciones de conciertos para el mismo instrumento: *L'estro armonico* (1711) y *La Stravaganza* (1714). Estas obras superaron las innovaciones de la época y le garantizaron un éxito extraordinario, que se tradujo en la reimpresión inmediata de sus obras en Londres y París.

Segunda etapa (1713-1718)

En este periodo desarrolló su faceta como compositor y empresario de ópera, como productor de espectáculos que presentaba tanto óperas propias como de otros compositores, revisándolas o uniéndolas a sus propias producciones. Fue una época en la que cosechó grandes éxitos. En esta etapa conoció a Anna Giraud, una joven cantante que permanecería a su lado a partir de entonces. Para ella compuso en Vicenza en mayo de 1713 *Ottone in*

Villa, su primera ópera conocida, con la que conquistó la Venecia teatral, a partir de este momento se convirtió en un auténtico empresario, hasta el punto de conseguir controlar las producciones de los teatros de Sant'Angelo y San Mosè.

Las partituras de las óperas fechadas en primer período muestran unas obras suntuosas, exuberantes, testimonio de un temperamento dramático excepcional. Son composiciones innovadoras e inquietantes que le valieron también la hostilidad de gran parte de la aristocracia veneciana, cuyos teatros le cerraron herméticamente sus puertas. En su producción operística, Vivaldi se confirmó como un formidable descubridor de la voz, dio a conocer a cantantes famosos como Fabri, Merighi o Strada, mucho antes de que Haendel los contratara en Londres.

Los cuadernos de viaje de un rico arquitecto de Fráncfort, que asistió a la temporada de carnaval en Sant'Angelo en 1715, ofrecen un vívido testimonio de este periodo de frenética actividad. El alemán critica en sus notas los decorados y el vestuario por extravagantes, pero admira a los cantantes que "fueron incomparables y no desmerecieron en nada de los del gran teatro". Sobre todo se siente fascinado por las prodigiosas intervenciones de Vivaldi al violín:

"Hacia el final, Vivaldi interpretó un magnífico solo seguido de una cadencia improvisada que me dejó verdaderamente estupefacto, pues no es posible que alguien haya tocado o llegue nunca a tocar así. Colocaba los dedos a un pelo del puente, hasta el punto de no dejar sitio para el arco y lo hacía además sobre las cuatro cuerdas realizando imitaciones y tocando con una rapidez increíbles."

La carrera lírica de Vivaldi remontó así su vuelo guiada por dos consignas: reformar y sorprender, en una coincidencia llamativa y premonitoria de arte y estrategia comercial.

Etapa de madurez (1718-1740)

Finalmente, trabajó como compositor particular, que multiplicaba sus lucrativos compromisos con ricos mecenas. Durante este periodo se centró en la música instrumental, con la venta de conciertos escritos o adaptados específicamente en función de los encargos. Compuso asimismo abundante música vocal profana, con la venta de arias de óperas, cantatas o serenatas, y música religiosa, mediante la composición de motetes, himnos, salmos y conciertos sacros para diferentes instituciones. En esta línea de encargos escribió su *Stabat Mater* en 1712 para una iglesia de Brescia.

Entre 1718 y 1722 trabajó para el príncipe de Mantua antes de emprender un ciclo de viajes por Europa para supervisar los estrenos de sus óperas. En 1740 se trasladó a Viena, donde murió un año más tarde sin apenas recursos. Al morir en Viena cayó en el olvido y es tanta la ingratitud que Italia tuvo con él que no aparece en los libros de música de la época.

ESTILO COMPOSITIVO

Su producción fue numerosísima, desde los exóticos *concerti da camera* para la corte de Mantua hasta los conciertos para violín de su última época, además de decenas de piezas concertantes, su música ofrece contrastes sutiles. Complementa la diversidad de estilos que conforman el barroco musical alemán, francés, inglés e italiano. La importancia de su contribución radica en haber consolidado la estructura del concierto como género.

Se muestra conservador en sus sonatas instrumentales y su música religiosa a menudo refleja el estilo operístico de la época con la alternancia entre orquesta y solistas que introdujo en los conciertos. El ciclo de *Las cuatro estaciones* tiene una importancia capital por suponer la ruptura del paradigma del *concerto soli*, establecido por el propio Vivaldi. Hasta entonces, el *concerto soli* era un concierto en el que el instrumento solista llevaba todo el peso de la melodía y la composición, y el resto de la orquesta se limitaba a ejercer el acompañamiento según las reglas de la armonía. Sin embargo, en sus conciertos para violín la orquesta no actúa como mero fondo de acompañamiento, sino como un relieve: no se limita a acompañar al solista, sino que ayuda al desarrollo de la obra. Con la forma musical del concierto solo se lograría definir de manera definitiva lo que podría llamarse el concierto para instrumento solista moderno, estableciéndose un equilibrio perfecto entre solista y orquesta. En ellos, frente al diálogo entre solista y orquesta planteado por otros autores, Vivaldi estableció una estructura compacta y orgánica del diálogo solista-orquesta, consolidando el concierto con solista o *concerto per solo*.

El núcleo de este concierto con solista radica en el desarrollo de la forma ternaria (A-B-A) consistente en la exposición del tema, desarrollo y reexposición.

En la parte A, se expone el tema musical que será desarrollado en la parte central o desarrollo (B), donde se presenta el diálogo propiamente dicho entre el solista y la orquesta. Esta forma musical es privativa de los conciertos con solista, independientemente del número de solistas, sino el uso de la forma musical, con conciertos desde un solista hasta para más de una docena. Para Vivaldi, el solo y el *tutti* son contraposición y diálogo, el tema es claramente presentado por la orquesta, mientras el papel del solista es transformarlo armónica, rítmica o melódicamente. El solista es el primer plano, la orquesta un fondo.

Johann Sebastian Bach (1685-1750)

Johann Sebastian Bach perteneció a una familia con una extraordinaria tradición musical que se prolongaría durante más de 200 años, constituida en parte gracias a las aportaciones que iglesia luterana, el gobierno local y la aristocracia proporcionaban para la formación de músicos profesionales. Documentos de la época indican que, en algunos círculos, el apellido Bach fue usado como sinónimo de «músico». Bach era consciente de los logros musicales de su familia, y hacia 1735 esbozó una genealogía, *Ursprung der musicalisch-Bachischen Familie*, buscando la historia de las generaciones de los exitosos músicos de su familia.

El padre de Johann Sebastian, Johann Ambrosius Bach desarrolló su actividad profesional en Eisenach como violinista y trompetista, puesto que comportaba la organización de la música eclesiástica y profana de la ciudad. Enseñó a su hijo a tocar el violín y el clavecín. Entre sus tíos, todos músicos profesionales de la corte, fue Johann Christoph Bach quien le introdujo en la interpretación del órgano. A los 9 años Johann Sebastian quedó huérfano y marchó a estudiar con él a Ohrdruf, donde trabajaba como organista. Allí aprendió teoría musical y composición a partir de la copia de partituras y recibió sus primeras clases de clavicordio. De este modo, J. C. Bach le dio a conocer las obras de los grandes compositores de la época del sur de Alemania, como Johann Pachelbel (que había sido maestro de Johann Christoph) y de franceses como Jean-Baptiste Lully o Marin Marais, así como del clavecinista italiano Girolamo Frescobaldi. Con él aprendió además el mantenimiento del órgano, la construcción y restauración de órganos, que constituiría su primera actividad profesional.

A los 14 años junto a su amigo del colegio Georg Erdmann fue premiado para realizar estudios corales en la prestigiosa Escuela de San Miguel en Lüneburg, cerca de Hamburgo. No hay referencias documentadas de este período de su vida, pero los dos años de estancia en la escuela lo expusieron a una paleta más amplia de la cultura europea que la que había experimentado hasta entonces. Además de cantar en el coro es probable que tocase el órgano y el clavicémbalo y probablemente aprendió francés e italiano, recibiendo formación en teología, latín, historia, geografía y física.

Es probable que en su estancia en Lüneburg, visitase la iglesia de San Juan, donde se encontraba el famoso órgano construido en 1549 por Jasper Johannsen y conociese a su organista Georg Böhm. Gracias a estos primeros contactos, Bach tuvo acceso a los instrumentos mayores y más precisos que había tocado hasta entonces. En esta fase se familiarizó con la música de la tradición académica organística del Norte de Alemania y con manuscritos musicales y tratados de teoría musical que pertenecían a estos músicos.

Período de Weimar a Mühlhausen (1703-1708)

En enero de 1703, tras finalizar los estudios, logró un puesto como músico de la corte en la capilla del duque Johann Ernst III, en Weimar, Turingia, en el que conjugaría tareas musicales y domésticas. En este empleo permaneció siete meses, período en el que se extendió su reputación como teclista, lo que propició la invitación para que ofreciese el concierto inaugural del órgano de la iglesia de San Bonifacio en Arnstadt. Así en agosto de 1703, se convirtió en el organista, con obligaciones ligeras, un salario relativamente generoso y un órgano de reciente fabricación, construido y afinado conforme a un nuevo sistema que permitía que la utilización de un mayor número de teclas y, por tanto, le permitía ampliar los registros de sus composiciones. Gracias a esta circunstancia, emprendió la composición de preludios de órgano; obras inscritas en la tradición del Norte de Alemania de carácter virtuosístico e improvisatorio que mostraban ya un estricto control de los temas. En ellas, las ideas musicales son sencillas y breves pero se exploran a nivel rítmico, armónico y contrapuntístico a lo largo de cada movimiento. Se cree que fue en este periodo cuando compuso su conocida obra *Tocata y fuga en re menor*. Con todo, se trata de obras de juventud que se advierten de su capacidad de organización y de su técnica contrapuntística de su estilo posterior.

En 1705-1706 visitó en Lübeck al gran maestro Dietrich Buxtehude, lo que implica que caminó unos 400 km de ida y otros tantos de vuelta para conocer al hombre al que consideraba como la figura máxima entre los organistas alemanes. El viaje reforzó el influjo del estilo de Buxtehude como fundamento de la obra temprana de Bach.

A pesar de su cómoda posición en Arnstadt, hacia 1706 aceptó un puesto mejor pagado como organista en la iglesia de San Blas de Mühlhausen. El año siguiente, tomó posesión de esta plaza que comportaba una paga y unas condiciones significativamente superiores, incluyendo un buen coro. A los cuatro meses de haber llegado a Mühlhausen, se casó, el 17 de octubre de 1707, con Maria Barbara Bach, una prima suya en segundo grado, con quien tendría siete hijos, de los cuales cuatro llegaron a la edad adulta. Dos de ellos —Wilhelm Friedemann Bach y Carl Philipp Emanuel Bach— llegaron a ser compositores destacados en el ornamentado estilo galante posterior al Barroco.

La iglesia y el gobierno de la ciudad aceptaron los requerimientos de Bach e invirtieron una gran suma en la renovación del órgano de la iglesia. Para la inauguración del nuevo concejo de la ciudad en 1708 escribió la cantata festiva *Gott ist mein König* en el estilo de Buxtehude, de la que pagaron la publicación. Sin embargo, su estancia en la ciudad terminó ese mismo año, cuando le fue ofrecido un puesto de concertino en la corte ducal de Weimar.

Período en Weimar (1708-1717)

El puesto comportaba un excelente salario y la posibilidad de trabajar con músicos profesionales lo que motivó a Bach a trasladarse al servicio del príncipe Johann Ernst en 1707, que era a su vez un avezado músico y admirador de la música italiana. En la corte de Weimar Bach estudió las obras de Antonio Vivaldi y Arcangelo Corelli, entre otros autores italianos, asimilando su dinamismo y emotividad armónica, transcribiendo sus obras y aplicando dichas cualidades a sus propias composiciones, que a su vez eran interpretadas por el conjunto musical del duque. Este período en la vida de Bach fue fructífero, comenzó a componer preludios y fugas que posteriormente recopiló en su obra monumental *El clave bien temperado*.

En 1717, con motivo del fallecimiento del maestro de capilla de la corte, Bach solicitó el puesto vacante, pero el duque decidió otorgárselo al hijo del fallecido maestro, lo que lo impulsó a presentar su renuncia, lo que disgustó al duque Wilhelm Ernst, que ordenó su arresto por algunas semanas en el castillo antes de aceptarla.

El período de Coten (1717-1723)

Bach comenzó a buscar un empleo más estable que propiciara sus intereses musicales. El príncipe de Coten lo contrató a Bach como maestro de capilla, período en el que alcanzó su máximo reconocimiento social. El príncipe Leopold, que también era músico, apreciaba su talento, le pagaba bien y le dio un tiempo considerable para componer y tocar. El príncipe era calvinista y requería música elaborada para sus misas, por ello la mayoría de sus obras de este período fueron profanas, en especial para clave y conjuntos de cámara. Como ejemplo destacan las suites orquestales y los *Conciertos de Brandeburgo*.

Su reputación como maestro le permitió definir modelos y escribir guías para aprendices, reunidas en colecciones de marcado acento pedagógico. Estos ciclos didácticos nunca llegaron a publicarse en vida del autor, aunque circularon de manera manuscrita gracias a sus alumnos. Fueron escritos para la enseñanza de los miembros de su familia, destacan *Las invenciones* (1717) y *El clave bien temperado* (1722). A este período pertenecen también las suites francesas y alemanas, donde los tres estilos nacionales aparecen perfectamente fundidos, como muestra en su música de cámara.

El período de Leipzig (1723-1745)

En 1723 le fue ofrecido el puesto de cantor y director musical en la Iglesia Luterana de Santo Tomás en Leipzig. Éste fue el primer trabajo estatal de Bach, tras una carrera que había estado estrechamente ligada al servicio a la aristocracia. El trabajo desempeñado requería enseñar canto y latín a los estudiantes de la Escuela de Santo Tomás, y proveer de música semanalmente a las dos iglesias de Leipzig, Santo Tomás y San Nicolás. A esta etapa se deben los más de cinco ciclos de cantatas anuales que escribió durante sus primeros seis años en Leipzig. Muchas de estas obras se ejecutaban durante las lecturas de la Biblia de cada domingo y días festivos en el año litúrgico luterano; muchas compuestas a partir de himnos eclesiásticos tradicionales como inspiración. En los ensayos e interpretaciones en la iglesia, Bach se sentaba al clave o dirigía frente al coro de espaldas a la congregación. A la derecha del órgano en una galería lateral estarían los instrumentos de viento madera, metales y timbales, y a la izquierda los instrumentos de cuerda pulsada.

El ayuntamiento sólo concedía unos ocho instrumentistas permanentes, limitación que provocó constantes fricciones con Bach, obligado a reclutar al resto de los músicos requeridos para las partituras, en la universidad, en la escuela o entre el público. El órgano o el clave era probablemente tocado por él si no estaba de pie dirigiendo o por uno de sus hijos. Su participación en bodas y funerales daba un ingreso extra a estos grupos.

Los rasgos que definen su música en este período son la fuerte estilización de los géneros, la adopción de una técnica virtuosística en el teclado, el uso del contraste temático a partir de la variación y el contrapunto. Entre la producción de esta etapa destacan:

a) *Variaciones Goldberg* que resumen la evolución de la variación barroca. Es un ciclo de 30 variaciones compuesto a partir de un tema único llamado aria, con un retorno final del aria.

b) *Concierto italiano* y *Obertura francesa*.

c) *Fantasía cromática y fuga*.

d) La segunda parte de *El clave bien temperado*. Esta obra consta de dos libros compilados en 1722 y 1744, cada uno conteniendo un preludio y fuga en cada tonalidad mayor y menor que fue impreso por primera vez en 1801.

e) *El arte de la fuga*, un auténtico curso de composición de fugas que dejó inacabado. Es famosa la inclusión de su apellido en la tercera parte, donde usa las notas B A C H como inicio de los temas (si bemol, la, do, si natural.)

Prácticamente relegado durante el período clásico, el legado de su música sería rescatado por el Romanticismo con la primera impresión de *El clave bien temperado* y la reinterpretación de sus suites. El reconocimiento de su obra se produjo sobre todo a partir de 1829, cuando Félix Mendelssohn, rescató la *Pasión según san Mateo* y la interpretó, iniciando una senda que acabaría con el estudio, el redescubrimiento y el acercamiento a su música.

LOS TRES PERIODOS ESTILÍSTICOS DE SU MÚSICA

La obra de Bach se puede dividir en tres grandes períodos bien diferenciados, marcados por las influencias y la asimilación de los estilos de su época, por la búsqueda y la evolución de su estilo personal.

El primer período abarca desde 1700 hasta 1713 en su estancia en Weimar. Es una etapa de aprendizaje y estudio, en la que asimila y supera la música alemana del siglo XVII y principios del XVIII en el ámbito instrumental y vocal religioso. Este período está centrado en la música para clave y órgano y en la composición de cantatas sacras.

El segundo período, el llamado de maestría, empieza en Weimar en 1713 y se prolonga hasta 1740, afincado ya en Leipzig. En esta fase, asimila la música italiana de finales del siglo XVII y primer cuarto del siglo XVIII, a partir de la síntesis de las características del estilo italiano (claridad melódica y dinamismo rítmico) y del estilo alemán (sobriedad, contrapunto complejo y textura densa), con la que logra definir su estilo propio, adaptable a todos los géneros y formas de su tiempo, salvo a la ópera. Una vez forjado su estilo en Leipzig y Köthen, adquiriría un dominio técnico cada vez mayor de sus recursos estéticos y compositivos. Este último período de su música comprende desde la publicación de *Clavier-Übung* en 1739 (colección de 4 ciclos de obras para teclado que incluye el *Arte de la Fuga*). En estos momentos se centró significativamente en la música instrumental, su estilo se vuelve más contrapuntístico, con una leve influencia de la música galante naciente en la Europa contemporánea.

SU OBRA

El estudio de su obra se ha emprendido historiográficamente a partir de la diferenciación entre la música vocal (cantatas, pasiones, oratorios, corales, ...) y la música instrumental (conciertos, sonatas, suites, oberturas, preludios, fugas, fantasías, cánones, variaciones) para una amplísima gama de instrumentos, prácticamente para todos los de la orquesta de su época.

El catálogo de sus obras abarca en total 1.127 obras, fue elaborado por Wolfgang Schmieder en 1950, después de la Segunda Guerra Mundial. Está ordenado por las siglas BWV, que significan *Bach Werke Verzeichnis* o 'Catálogo de las obras de Bach'. Se trata de un sistema de numeración que, a diferencia de otros catálogos que están ordenados cronológicamente, se halla clasificado a partir del tipo de obra.

LA CONCEPCIÓN DE SU OBRA

Fue un compositor comprometido y consciente de su responsabilidad como creador, por ello fue constante en su producción la corrección de sus composiciones, sin dejarse influir por las opiniones del público. Estaba convencido de que el artista debía cumplir con una función social y pedagógica, ya que podía educar al público, de ahí la exigencia de perfeccionamiento de sus obras, en cuya escritura rechazó la aceptación simplista y acomodadiza.

A menudo los cantantes se quejaban de la dificultad de su música eclesiástica, sobre todo en referencia a sus coros llenos de esplendor y solemnidad. Su manera de amalgamar las distintas voces y su empleo de los registros del órgano resultaron tan inéditos que muchos organistas y constructores de órganos se maravillaban al ver cómo combinaba los registros.

En su interés por conocer los fundamentos de la composición y mejorar las condiciones auditivas en los conciertos, llegó incluso a estudiar las condiciones acústicas de los recintos en los que se interpretaban sus obras. Así, cuando en 1747 observó los planos del nuevo teatro de la ópera en Berlín supo discernir los aspectos positivos y defectuosos con relación al efecto sonoro en el recinto. En su capacidad como intérprete podía tocar un mismo tema de forma ininterrumpida en el órgano, transformándolo sucesivamente en un preludio, una fuga, un trío, un cuarteto, un coral en 3 o 4 voces del modo más variado. La ejecución de sus piezas es extremadamente difícil, con ampulosos y complejos ornamentos. En el tratamiento de las voces en su música vocal solía mantener la equivalencia entre ellas sin reconocer una voz principal, por ello a menudo cantan simultáneamente y sus interpretaciones requieren la misma dificultad.

Se ha destacado ante todo la pureza de su estilo, en el que cada pieza posee un carácter único, con una gran coherencia de ritmo, melodía y armonía. Su método de composición procedía progresivamente, avanzando de lo más sencillo a lo más complejo. Aunque nunca escribió un tratado teórico sobre música, su enseñanza caló en sus discípulos que se encargaron de transmitir su pensamiento, su modo de componer y concebir el hecho musical.

A lo largo del siglo XVIII y durante la primera mitad del XIX, la falta de material impreso impidió una mayor difusión de su obra, pues sólo publicó ediciones muy reducidas de algunas de sus obras instrumentales para órgano y clave. Además, gran parte de su producción fue compuesta para eventos determinados y, por lo tanto, se interpretaron un par de veces. No se concebía que pudiera interesar escucharlas otra vez, por lo que se despreocupó su publicación. Por ello, Mozart conocía la obra de Bach por haber oído hablar de ella aunque nunca había visto nada suyo impreso, en una ocasión incluso escuchó un coro interpretando una de sus cantatas pero al solicitar su partitura constató que no existían copias de la obra. En realidad la única pieza que contaban con multitud de copias manuscritas era *El clave bien temperado*, de la que incluso Beethoven tenía una copia a los once años.

Al componer, Bach infringía a menudo las reglas de la armonía tradicional: hacía octavas y quintas paralelas, pese a que en la enseñanza del contrapunto y la armonía se prohibía la progresión de dos voces desde un intervalo de quintas o de octavas a otro intervalo de la misma especie. Así, si en la mayoría de los compositores de su época la modulación y la armonía evolucionaban lentamente, en la modulación de las obras instrumentales de Bach cada progresión es una idea nueva.

En sus piezas Bach retiene de una armonía la mayor parte pero mezcla en cada progresión algo emparentado progresando tan paulatinamente que no se siente ninguna transición dura o salto y, sin embargo, ningún compás se parece a otro, desconociendo aquellos efectos bruscos con los que los otros compositores pretendían asombrar a sus oyentes. Bach llegó más lejos que cualquiera de sus antecesores. No dejó de probar y emplear ninguna especie de proporción métrica para hacer trozos tan diferentes como le fuera posible, con lo que llegó a dar a sus fugas todo el aspecto rítmico liviano y original posible. En sus fugas el canto ininterrumpido, derivado de un solo tema, hace que las voces no sean sólo un mero acompañamiento sino un canto concordante e independiente.

EL CLASICISMO

El Clasicismo es una corriente de pensamiento estético e intelectual que abarca aproximadamente desde 1730 a 1820, se inspira en los patrones estéticos y filosóficos de la Antigüedad clásica. En la música no se trató del redescubrimiento y copia de los clásicos del arte grecorromano ya que los pocos restos de música griega y de tratados teóricos que quedaron no se consideran suficientes para conocer cómo era aquella música realmente.

En otras artes plásticas surgieron genios como los pintores franceses David e Ingres, o el escultor italiano Canova, cuyo lenguaje es el mismo que en música van a emplear Haydn y Mozart aunque con distintos medios.

Contexto histórico

Durante el siglo XVIII, Europa experimentó un gran auge económico que estuvo ligado a los avances técnicos y a la expansión colonial. En España, este desarrollo se produjo con la llegada de la casa de Borbón entronizada en 1700. Paralelamente se desarrolló una nueva filosofía, la Ilustración, un movimiento cultural que creía en el papel decisivo de la razón para la consecución de una sociedad justa y proponía como ideales la educación, la libertad política y el dominio de las fuerzas de la naturaleza gracias al progreso científico.

Características musicales

El Clasicismo es un período artístico en el que se tiende a expresar la idea de perfección formal de la realidad, es decir, se pretende representar el mundo como un ser bello, perfecto y trasmitir a través del arte el sentido de perfección, de lo ideal. Por ello se tiende a privilegiar la forma, que refleja esta perfección mejor que el contenido o la ideología.

El Clasicismo refleja al hombre como un ser armónico y a la humanidad como una sociedad perfecta y sin conflictos. La música clasicista está impregnada del humanismo ilustrado que quiere mostrarse elegante y agradable a todos, por lo que en música triunfa un melodismo aparentemente sencillo, pero que recoge un trabajo racional acorde con la filosofía del momento. Triunfa la música instrumental, después de unos siglos en los que progresivamente ha ido ganando terreno, y se impone el género profano por encima del religioso, fruto de la mentalidad laica del momento. Las características generales de la música clásica son:

- Música delicada, muy brillante, alegre y plástica.

- La melodía toma una gran importancia y se convierte en el elemento básico de la composición. Para encontrar este tipo de melodía se va a recurrir a la música popular y a la música folklórica.

- Las melodías se construyen de tal forma que reflejan la perfección, con frases regulares de ocho o de dieciséis compases. Se crean melodías enormemente equilibradas.

- Se pierde el ritmo mecánico barroco a favor de ritmos más naturales y variados.

- Se buscan tonalidades fáciles y simples, con preferencia de los tonos mayores sobre los menores.

- Se favorecen los grandes cambios de textura; se utiliza un estilo más puro y equilibrado, generalmente melodía acompañada y en ocasiones homofonía o polifonía vertical.

- El ideal clásico es equilibrio y armonía. Cada vez se utiliza mayor variedad de dinámicas y articulaciones gracias al desarrollo técnico de los instrumentos. Las melodías se vuelven cantables y la forma musical adquiere particular importancia. Es en este periodo se definen claramente las estructuras en las que se basa la música culta occidental casi hasta nuestros días: la sonata, la sinfonía y el concierto.

Las formas instrumentales. Música de cámara y música sinfónica

En el siglo XVIII la música instrumental adquiere una importancia que antes sólo correspondía a la música vocal, que se tradujo en un gran desarrollo de nuevas formas musicales y en la definición y consolidación de las existentes.

LA SONATA

Resume mejor que ningún otro elemento el respeto a la estructura, a la forma y a la norma dado que se basa en ello. La sonata que hemos visto nacer en el Barroco cambia en el Clasicismo al dotarse de una forma fija que debe seguir el músico. Los cambios son:

1. Sometimiento a una estructura determinada.

2. División en tres o cuatro tiempos, a los que puede anteceder una introducción lenta.

3. El primer movimiento es el más normativo y se llama "allegro de sonata".

4. Se establecen las relaciones armónicas con claridad, con un lenguaje tonal jerarquizado, con el predominio de la tónica, la dominante y la subdominante.

Durante el Clasicismo se desarrolló la sonata de cuatro tiempos organizados del siguiente modo:

PRIMER TIEMPO: llamado Allegro de sonata, se estructura en tres partes:

I. Exposición. Cuenta con un primer tema A en el tono principal, seguido de un puente modulante hacia otro tono para desembocar en un segundo tema B, contrastante en otro tono y finalmente un pasaje cadencia que anticipa el desarrollo.

II. Desarrollo. Se construye con motivos musicales extraídos de los temas A y B. A veces puede introducirse un tercer tema nuevo aunque no es lo habitual. La música se desarrolla siguiendo una elaboración armónica que evidencie el dominio técnico del compositor, añada la mayor riqueza posible para concluir siempre en la tonalidad principal.

III. Reexposición. Repetición completa de los temas A y B con leves variaciones tonales que conducen al final de la obra, a veces ocupado por una coda final en subdominante.

SEGUNDO TIEMPO. Es siempre lento y de carácter expresivo, generalmente en andante o adagio. Puede adoptar una estructura similar al allegro de sonata, construirse con dos ideas musicales organizadas según el esquema A-B-A o según el esquema de tema con variaciones, con la repetición de un tema que cambia constantemente su aspecto melódico, rítmico y armónico, pero que siempre es reconocible.

TERCER TIEMPO. Suele ser un minué o scherzo de carácter alegre, distendido, festivo y jovial. El minué era una antigua danza francesa que se adapta ahora como una composición instrumental de ritmo ternario, compuesto por dos secciones con repetición de cada una de ellas. A partir del minué, el tercer tiempo de la sonata se organiza en tres partes: la primera por un minué o scherzo, seguido por un trío y la reexposición de la primera parte sin repetición y con coda facultativa.

CUARTO TIEMPO. Es un Allegro vivo que puede adoptar la forma del Allegro de sonata o la forma rondó. En el caso rondó puede ser simple, alternando estribillos y coplas, o desarrollado. El rondó desarrollado adopta el siguiente esquema:

I. Exposición. Estribillo I (tema A), copla I (puente y tema B), estribillo (re-exposición de A).

II. Desarrollo. Consta de la copla II (un nuevo tema C o un desarrollo del tema B)

III. Reexposición. Consta de estribillo (reexposición de A), copla III (reexposición de B), y estribillo (reexposición de A).

PRIMER TIEMPO DE LA SONATA

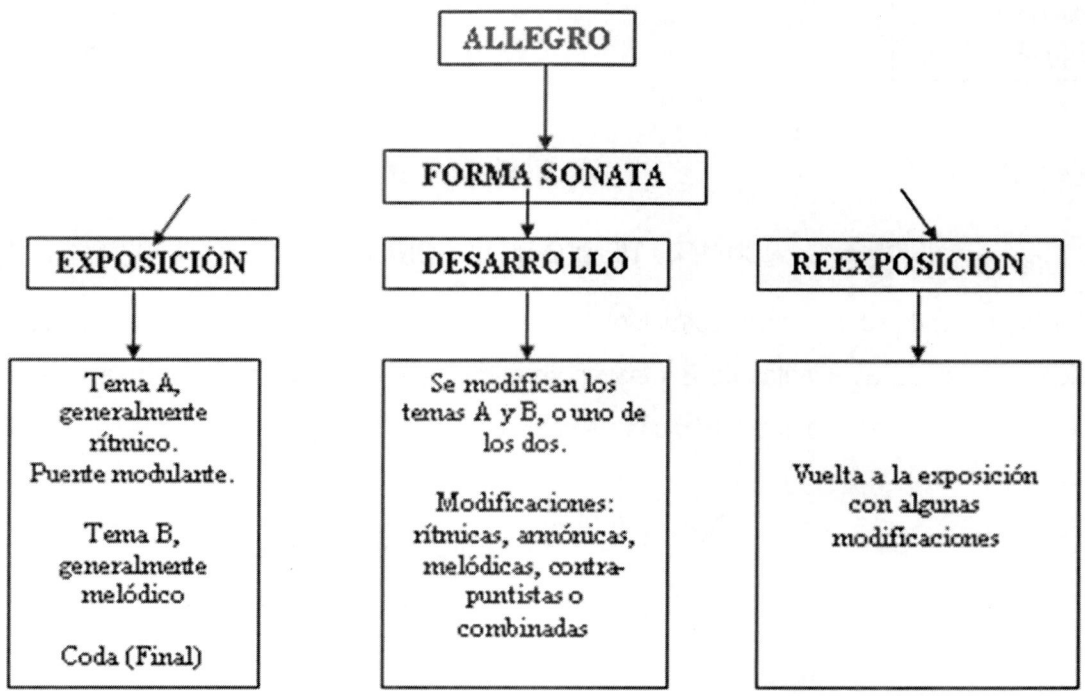

SEGUNDO TIEMPO DE LA SONATA

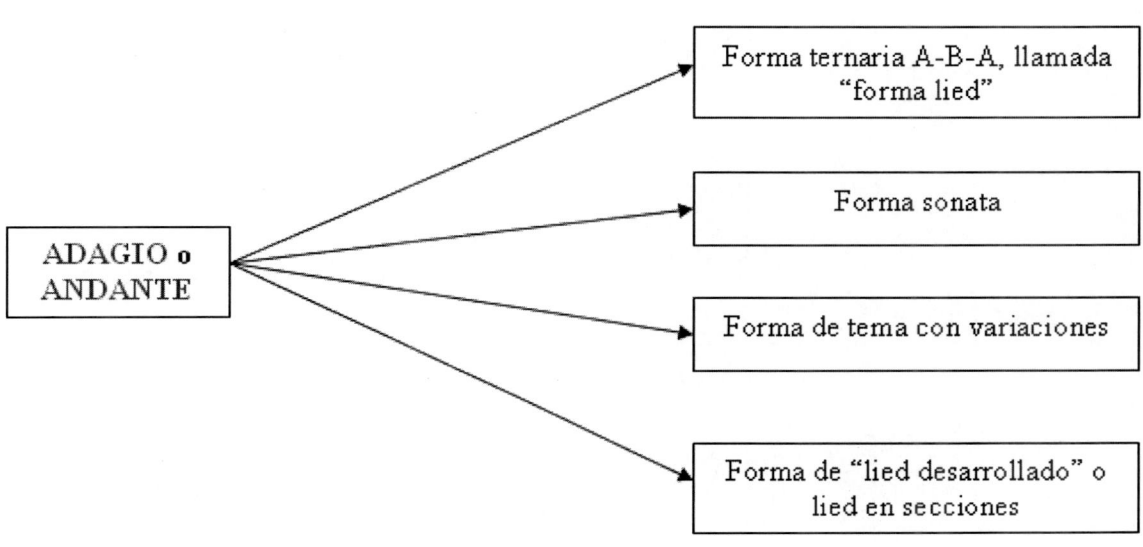

MINUÉ o SCHERZO	Forma ternaria A-B-A. En el minué la sección B, se llama "trío"

CUARTO TIEMPO DE LA SONATA

La forma rondó-sonata es la estructura más común al último movimiento de la sonata clásica. Casi todas las sonatas de Beethoven se estructuran en esta forma. Se caracteriza por la forma en que alterna el estribillo con las coplas.

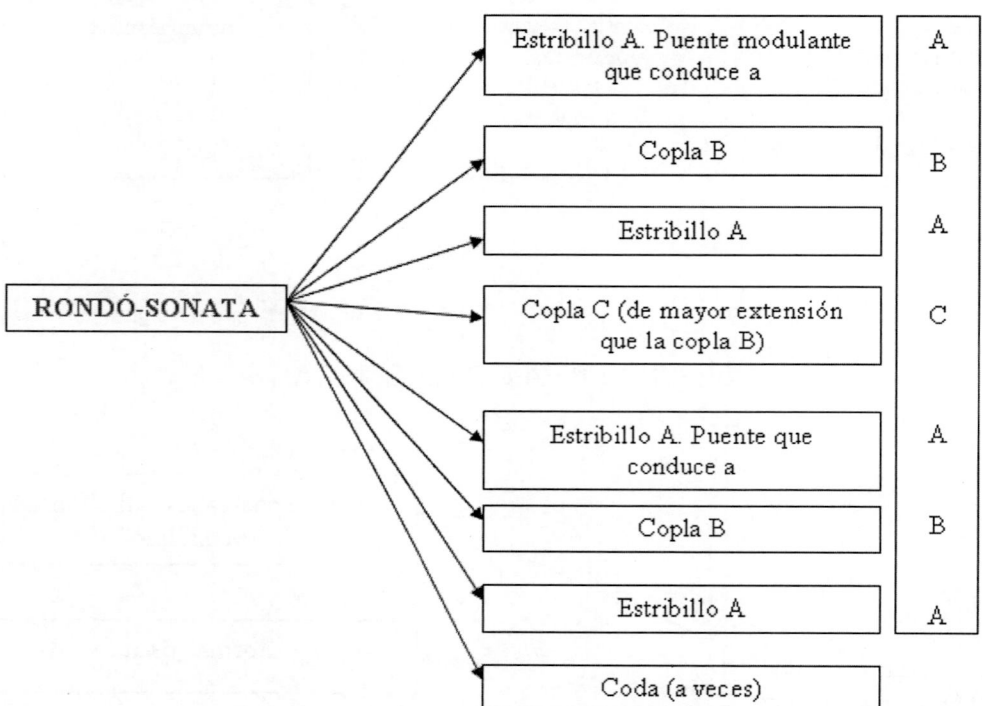

RONDÓ-SONATA

Estribillo A. Puente modulante que conduce a	A
Copla B	B
Estribillo A	A
Copla C (de mayor extensión que la copla B)	C
Estribillo A. Puente que conduce a	A
Copla B	B
Estribillo A	A
Coda (a veces)	

LA SINFONÍA

La sinfonía es una gran sonata para orquesta cuyo origen se sitúa en la obertura de la ópera, que tenía tres movimientos, y en los experimentos instrumentales de la escuela italiana del norte y la de Mannheim, las cuales se convierten en centros de la actividad sinfónica desde 1750. En el siglo XVIII, la sinfonía adopta la estructura de cuatro tiempos siguiendo el esquema general de sonata estudiado.

EL CONCIERTO

El concierto es una composición musical, generalmente en tres movimientos, para uno o más instrumentos solistas acompañados por una orquesta.

A mediados del siglo XVIII el cambio musical decisivo que significó el paso del Barroco al Clasicismo no podía dejar de afectar al concierto. El concierto grosso dio paso a la sinfonía, que mantuvo gran parte de sus rasgos. No obstante, el concierto para solista se mantuvo como vehículo para el virtuosismo, indispensable para los compositores que eran a la vez intérpretes de sus propias obras. Entre los concertistas, el piano suplantó al violín como instrumento solista predilecto y fue el preferido para Mozart y Beethoven.

Durante el Clasicismo el concierto creció aún más. Su estructura era el reflejo de un compromiso con la forma tradicional del *ritornello*, un tema tocado siempre por la orquesta que se repetía en diferentes tonalidades, o a veces incompleto en un alarde de virtuosismo, así como de las nuevas formas y estilos desarrollados con la sinfonía. El movimiento final era generalmente un rondó con una especie de estribillo recurrente. Los movimientos lentos quedaban menos determinados en su forma. Como las sinfonías, los conciertos se convirtieron en obras extensas, con una personalidad distintiva propia y se interpretaban en salas de concierto.

Estilos del Clasicismo temprano

A) El estilo galante (1740-1770)

La segunda mitad del siglo XVIII aparece como un momento clave para la transición del Barroco al Clasicismo, el fallecimiento de Bach en 1750 es al tiempo fortuito y simbólico. Se inauguraba una nueva época, en 1751 se publicó la *Enciclopedia*, en la que Rousseau se encargó del apartado relativo a la música. A partir de estas publicaciones, el retorno a la naturaleza se convirtió en santo y seña en toda Europa, que se reflejó en una vuelta a la sencillez y la lógica.

Es difícil llegar a un término que unifique la diversidad de tendencias que se desarrollaron, porque ni el término preclasicismo ni el posbarroco remiten a períodos específicos. La cuestión se complica porque tampoco hubo ninguna personalidad creadora de la grandeza de los que aparecerían a finales de siglo, ni de los que les precedieron en el periodo anterior. Aunque sí merecen reconocimiento las aportaciones de la escuela de Mannheim en cuanto a la sinfonía, Carl Philip Emmanuel Bach y Gluck respecto a la ópera, que pusieron los cimientos para el desarrollo de la música en el pleno Clasicismo.

La tendencia principal en el arte, la literatura y la música de esta época fue el "buen gusto", en la obra musical no sólo se exigía calidad en la composición de la melodía y en la trabazón armónica, se requería además un tercer elemento, la galantería. Esta noción difusa no se puede explicar con palabras precisas, es imposible enseñarla o transmitirla, sólo puede adquirirse por medio del buen sentido y de un sano juicio sin los cuales la música quedaría sosa. Al explicarla, Matheson recurría al ejemplo de un vestido y Benito Feijoó la resumía con la expresión *El no sé qué*.

Este estilo nació en Francia, en la corte de Luis XV y se expandió por Alemania resultando un estilo ecléctico y sintético que abogaba por una armonía más clara con melodías más sencillas y naturales, con ritmos flexibles y dinámicas cambiantes, en definitiva, una música menos erudita pero más expresiva.

Lo galante iba dirigido a una burguesía culta, a los aficionados y entendidos para los que resultaba una música fácil de comprender y de interpretar. Música agradable, simétricamente articulada, orientada a la nueva mayoría que utilizaba la música como entretenimiento, por lo que debía ser ligera pero debía tener también sentido porque, de lo contrario, se desvanecería. Por eso proliferaron los tratados sobre instrumentos, en los que se explican aspectos técnicos de la interpretación y se incidió también en una nueva forma de tocarlos: tratado de flauta de Quantz (1752), de teclado de E. Bach (1753) o de violín de Leopold Mozart (1765).

Johann Wenzel Anton Stamitz (1717-1757)

Compositor, violinista y director de orquesta checo, está considerado como uno de los más destacados creadores del estilo instrumental moderno. A él se debe el desarrollo y rápido florecimiento de la orquesta del palacio de Mannheim, una de las más reputadas orquestas sinfónicas de Europa. Fue el fundador de la llamada Escuela de Mannheim, término que alude a las actividades y a las técnicas orquestales promovidas por la orquesta de la corte de Mannheim en la última mitad del siglo XVIII. Los compositores de esta escuela introdujeron varias ideas innovadoras en la música orquestal, especialmente en el campo de la expresión musical, como los crescendos y decrescendos repentinos, por ejemplo el denominado crescendo Mannheim (un crescendo desarrollado por toda la orquesta).

Entre sus recursos expresivos destaca también el conocido como el cohete Mannheim, un crescendo extendido a lo largo de un pasaje a través de arpegios ascendentes tocados muy rápido, que se desarrolla desde el registro más grave al más agudo, con lo que se crea una línea melódica ascendente sobre una base de bajo *ostinato*. El suspiro Mannheim consistía en poner más peso en la primera de las dos notas en los pares descendentes de notas ligadas. Los pájaros de Mannheim eran una imitación de pájaros piando en pasajes de solo y la gran pausa era un silencio sostenido con el fin de volver a empezar vigorosamente. Su Sinfonía en Mi bemol (1755) encarna muchas de las ideas musicales de la escuela de Mannheim, con el crescendo y los martillazos (inmensos impactos generalmente por el uso de cuerdas, cuyo principal objetivo es volver a captar la atención del público).

B) El estilo sensible

Carl Philipp Emanuel Bach (1714-1788)

Fue el quinto de los siete hijos de Johann Sebastian Bach. Entró en la escuela de Santo Tomás de Leipzig, de la que su padre era cantor desde 1723. Estudió Derecho pero no desarrolló ninguna carrera jurídica, dedicándose plenamente a la música. En 1738 fue nombrado clavecinista en la corte del príncipe heredero Federico de Prusia ("Federico el Grande") y se trasladó a la corte de Berlín donde se convirtió en "el gran Bach", uno de los clavecinistas más importantes de Europa.

Consideraba a su padre como su único profesor en la composición y en la interpretación del clave; en el hogar paterno encontró lo que otros músicos contemporáneos tuvieron que buscar a costa de grandes viajes y gastos. Con todo, eligió un estilo galante más sensible en la expresión y más acorde con los gustos de la corte.

Su obra se sitúa en la cima de la galantería para evolucionar hacia una música más expresiva y emocional. A ello contribuyeron sus contactos literarios e intelectuales con autores y enciclopedistas como Diderot. Está llena de invención, es sincera en su pensamiento y de un fraseo fluido, sobre todo en los tiempos lentos, donde aflora un estilo personal muy sutil. Así en las seis *Sonate per cembalo* o *Sonatas prusianas* de 1748, dedicadas al rey, aparecen unos tiempos centrales amplios, meditativos, sentimentales. Su música se caracteriza por la variedad, con frases breves, dinámicas cambiantes y frecuentes saltos de ritmo, con un lenguaje musical quebradizo e inestable cuya finalidad es conmover al oyente.

El estilo es claro, su expresión delicada y tierna. Sus obras destacan por su libertad y la variedad de su diseño estructural. Sus composiciones para teclado están llenas de extraños contrastes, rompiendo con el rígido esquema impuesto por los compositores de la escuela italiana. Con ello favoreció la llegada de los grandes maestros vieneses, que llevaron la sonata a un desarrollo casi infinito. Probablemente sea el primer compositor que usó libremente el color armónico.

Además, el estilo sensible en música quedó fijado literariamente a través de los tratados de clave que escribió, en los que incide en la necesidad de educar al nuevo intérprete, al nuevo conocedor-aficionado. A ellos dedica tres series de sonatas "con exposiciones variadas", porque en las sonatas se había puesto de moda introducir alguna variación en la reexposición final, para dejar abierta al intérprete la posibilidad de introducir sus propios cambios. Pero como la mayoría de aficionados no sabía componer, les proponía modelos ya escritos, con lo que preservaba también su obra de malas interpretaciones.

Destaca sobre todo por haber contribuido al desarrollo de la sonata en sentido moderno, siendo precursor en este punto de la obra de Haydn, Mozart y Beethoven. Su nombre cayó en cierto olvido hasta que fue recuperado por Robert Schumann y Johannes Brahms, quienes editaron algunas de sus obras.

Christoph Willibald Ritter von Gluck (1714-1787)

En 1736 el príncipe Lobkowitz tomó a Gluck a su servicio en Viena y un año después el príncipe Melzi se lo llevó consigo a Milán, donde se inició en la ópera y la sinfonía italianas. Fruto de estas enseñanzas fue su primera ópera seria, *Artajerjes*, estrenada en Milán en 1741. Durante los nueve años siguientes compuso y estrenó aproximadamente 16 óperas en varias ciudades europeas. En 1750 marchó a Viena, que a partir de entonces sería su centro de trabajo, en 1752 hizo un buen casamiento que le reportó estabilidad económica y buenas relaciones sociales con los círculos de la corte. En 1754 María Teresa, emperatriz de Austria, le nombró director de ópera del teatro de la corte.

Las óperas que compuso desde 1750 hasta 1760 lo situarían en la cúspide del género, entre ellas se encuentra Orfeo y Eurídice (1762), la primera "ópera reformada". Su colaboración con el libretista Raniero di Calzabigi propició el estreno de *Orfeo y Eurídice* en la que plantea devolver a la ópera el espíritu de la tragedia griega y trasladarla al ámbito de la música. Esta renovación produciría un cambio radical respecto a la ópera seria de antaño. En el prefacio de *Alceste* (1767), los autores sintetizaron su pensamiento musical, que en breves palabras se puede resumir en:

- La música debe servir a la poesía, realzándola sin interrumpir el drama por exceso de adornos.

- La sinfonía-obertura ha de preparar a los espectadores resumiendo el clima de la ópera.

- Las escenas deben unirse, evitando la división del drama en compartimentos estancos debido a las interrupciones de recitativos y arias.

El objetivo era el de lograr la "hermosa simplicidad". Para ello, Calzabigi proporcionó a Gluck libretos en los que simplificó la acción dramática, redujo el número de escenas y de personajes secundarios y eliminó intrigas innecesarias. Con ello reforzó la continuidad dramática y dotó de verdad interior a los personajes. El papel del coro se limitaba a las intervenciones precisas y sólo se incluía como apoyo de la acción principal. Por su parte, Gluck adecuó las voces a los personajes, sustituyó los recitativos secos por acompañados por la orquesta, a la que otorgó un mayor protagonismo enriqueciéndola en instrumentación y en efectos expresivos. Asimismo, difuminó las diferencias entre los recitativos y las arias. Su música fue lo que realmente destacó en estas obras, porque en realidad la "ópera reformada" resultaba demasiado estática y austera.

El Clasicismo musical. Principales compositores

En las décadas anteriores a la Revolución Francesa, la música europea puso los cimientos de lo que se ha convenido en llamar Clasicismo, más específicamente, Clasicismo vienés. Viena se convirtió en esta época en la capital musical europea y, precisamente los tres compositores clásicos por antonomasia pertenecieron al ámbito austríaco.

Por otra parte, cabe tener presente que no todos los compositores coetáneos adoptaron los ideales clásicos aunque emplearan sus fórmulas (equilibrio, orden, claridad,...) pero el Clasicismo no se limitaba al cumplimiento de una serie de normas. Tendía a la universalidad porque buscaba lo verdadero y lo íntegro. La función de la música no se limitaba únicamente a imitar a la naturaleza, trascendía hacia una concepción simbólica unificadora, de la que la forma sonata bitemática fue su mejor expresión, según el principio de conferir unidad a la diversidad.

Al comparar el desarrollo paralelo del Neoclasicismo de las artes plásticas es importante considerar una diferencia fundamental, por el rechazo de la agitación ornamental del Rococó. En música los compositores clásicos sí aceptaron las novedades técnicas del estilo galante, renovadas y perfeccionadas por los "sensibles". De este modo, las aportaciones realizadas hasta el momento confluirían en el Clasicismo con naturalidad. Incluso formas cortesanas del Barroco, como el minueto, tuvieron cabida en las estructuras clásicas.

Franz Joseph Haydn (1732-1809)

De origen humilde, con ocho años entró en la escuela coral de la Catedral de San Esteban en Viena, donde recibió su única formación académica. A los 17 años abandonó el coro y pasó varios años trabajando como músico independiente. Durante esos años difíciles, Haydn desempeñó muchos trabajos diversos: profesor de música, cantante de serenatas callejero, finalmente sirviente y acompañante del prestigioso maestro de canto y compositor italiano Nicola Porpora de quien aprendió "los verdaderos fundamentos de la composición". Estudió la obra de Carl Philipp Emanuel Bach además de determinados tratados de contrapunto.

En estos años compuso sus primeros cuartetos de cuerda y su primera ópera, obras que entregaría sin recibir remuneración pero que fueron publicadas y vendidas en las tiendas musicales. Gracias al incremento de su reputación, Haydn pudo obtener el favor del mecenazgo aristocrático. En 1759 fue nombrado director musical del conde Morzin, al tiempo que dirigía el conjunto del conde, componía sus primeras sinfonías para orquesta.

Su suerte cambió en 1761, al ser nombrado director musical adjunto del príncipe Esterházy y en 1762 maestro de capilla. Trabajó para tres príncipes Esterházy, amantes y buenos conocedores de la música que dieron a Haydn todo el apoyo que necesitaba para su labor, proporcionándole incluso su propia pequeña orquesta. En su nuevo cargo, Haydn tenía una gran responsabilidad, que consistía en componer música para cada ocasión, dirigir la orquesta, interpretar música de cámara con miembros de la orquesta y también de la familia, así como organizar el montaje de óperas. Presentaba todas las semanas dos óperas y dos conciertos, además de las obras especiales para los visitantes destacados y conciertos de música de cámara diarios en los que el propio príncipe tocaba la viola da gamba.

A lo largo de estos casi 30 años, además de sinfonías, óperas, operetas de títeres, misas, obras de cámara y música de danza que el príncipe le encargaba, también debía ensayar y dirigir las obras que él mismo componía, así como las de otros compositores. Debía enseñar a los cantantes, mantener la colección de instrumentos y la librería musical, trabajar como organista, violista y violinista cuando fuera necesario y solventar las disputas de los músicos que estaban a su cargo.

Aunque con frecuencia se quejó del peso de su trabajo y del aislamiento que sentía, su posición era envidiable para los músicos del siglo XVIII. A partir de 1779 un aspecto importante de su contrato fue la libertad de poder vender su música a los editores y de aceptar comisiones por ello. Como resultado, su estilo fue desarrollándose y su obra empezó a conocerse más allá de los límites de Esterházy y su fama se extendió considerablemente. Con el tiempo, llegó a componer tantas obras para su publicación como para los Esterházy. Obras tan importantes como sus Sinfonías de París (1785–1786).

SINFONÍAS DE PARÍS.

El público parisino estaba familiarizado con las sinfonías de Haydn, que habían sido publicadas en la capital francesa desde 1764. En los primeros años de la década de 1780 las sinfonías de Haydn fueron interpretadas en los numerosos conciertos parisinos con un éxito invariable, y numerosas editoriales publicaban cada nueva obra suya tan pronto como lograban una copia.

El responsable de los encargos de estas sinfonías a Haydn fue Claude-François-Marie Rigolet, conde d'Ogny, el concertino de la orquesta de la *Loge Olympique*. Él se encargó de unas negociaciones por las que Haydn recibía 25 luises de oro por cada sinfonía, más 5 luises por los derechos de publicación, una suma muy satisfactoria para Haydn. Según el compositor Luigi Cherubini, que era miembro de la orquesta, los mejores músicos de París recibían con interés cada nueva obra. Las sinfonías eran también populares entre el público y la prensa y pronto se publicaron en Londres y Viena.

Las sinfonías estaban compuestas para la gran orquesta parisina *Le Concert de la Loge Olympique*, una agrupación de extraordinarias dimensiones para la época, formada tanto por profesionales como por hábiles aficionados, que tocaba en un teatro cuyas interpretaciones eran patrocinadas por la realeza, incluida la reina María Antonieta, a quien agradaba especialmente la Sinfonía n° 85, bautizada por ello con el sobrenombre de "La Reina".

En 1790, un año después de la Revolución francesa, murió Nicolás, el patriarca de los Esterházy. Su sucesor redujo las ayudas para la fundación de Esterházy, despidió a la orquesta y Haydn, aunque mantuvo el puesto de maestro de capilla, vio sensiblemente reducidas sus expectativas. Por tal motivo, aceptó la oferta del violinista y empresario británico Johann Peter Salomon para viajar a Londres y dirigir allí sus nuevas sinfonías con una gran orquesta. Los dos viajes que efectuó a la capital británica para asistir a estos conciertos entre 1791 y 1792 y 1794-1795, fueron las ocasiones perfectas para el éxito de sus últimas sinfonías. Los conciertos que ofreció tuvieron una asistencia masiva y el compositor alcanzó una amplia fama, lo que le granjeó considerables ingresos. Charles Burney describió así la impresión que le causó el primer concierto: "el propio Haydn lo dirigió desde el pianoforte y la visión de aquel renombrado compositor enalteció a la audiencia y provocó tal excitación, atención y placer como ningún músico había conseguido en Inglaterra".

Musicalmente, sus viajes a Inglaterra también fueron muy fructíferos, allí compuso algunas de sus obras más conocidas, como las Sinfonías de Londres.

Entre sus visitas, Haydn dio clases de contrapunto a Ludwig van Beethoven en Viena, aunque la relación entre ambos fue en ocasiones tensa.

En 1795 regresó definitivamente a Viena, donde se dedicó a la composición de obras sacras para coro y orquesta. Escribió dos grandes oratorios La creación y Las estaciones, así como seis misas para la familia Eszterházy, que por aquella época estaba nuevamente encabezada por un príncipe con inclinaciones musicales. También compuso música instrumental, como el *Concierto para trompeta y orquesta* y los últimos nueve cuartetos de cuerda.

SUS ORATORIOS

La Creación. Durante sus estancias en Londres, Haydn estudió y escuchó oratorios de Händel en la Abadía de Westminster; ya en Viena, comenzó la composición del oratorio La Creación del Mundo (1797-98). Un libreto de Händel versificado por el poeta Lindley, con base en el Génesis y en *El Paraíso perdido* de Milton sirvieron de texto a la composición. *La Creación* imprimió al oratorio una dirección nueva, tal vez menos religiosa, pero más descriptiva, pese a que Haydn creía profundamente en la espiritualidad de la obra.

Haydn abarcó prácticamente todos los géneros. Muchas de sus obras no se conocían fuera de Esterházy, especialmente los 125 tríos y demás piezas compuestas para viola barítono, instrumento híbrido de cuerda que el príncipe Miklós tocaba. La mayoría de sus 19 óperas y operetas de títeres las compuso según el gusto y las directrices del príncipe. Haydn admitió la superioridad de las óperas de su joven amigo Wolfgang Amadeus Mozart. No obstante, en otros géneros, sus obras tuvieron buena acogida y su influencia fue importante. Las 107 sinfonías (104 es el número tradicional; otras tres se han incluido posteriormente) y los 83 cuartetos para cuerda que revolucionaron la música, son pruebas fehacientes de su original aproximación a nuevos materiales temáticos y formas musicales, así como de su maestría en la instrumentación. Sus 62 sonatas y 43 tríos para piano muestran un amplio abanico, desde aquellos compuestos para aficionados hasta los destinados a virtuosos del teclado, estos últimos pertenecientes a sus obras de madurez.

Una característica fundamental en la música de Haydn es el desarrollo de estructuras más grandes en lugar de motivos muy cortos y simples, a menudo derivadas de las figuras de acompañamiento habituales. La música es con frecuencia concentrada de manera bastante formal y las partes importantes de un movimiento pueden desarrollarse rápidamente. Además, la influencia que ejerció en el desarrollo de la sonata fue decisiva. Ésta era la forma predominante del Clasicismo, que utilizaron los compositores hasta el siglo XX para crear estructuras musicales cada vez más extensas. Haydn la utilizó de dos maneras diferentes: en primer lugar, desarrolló lo que hasta entonces había sido una simple exposición de temas en distintas tonalidades y creó una sofisticada interacción entre distintos grupos temáticos, cuyas diferentes tonalidades definían la extensa estructura de los movimientos; en segundo lugar, economizó el material temático, de modo que transformaba una simple melodía o motivo en complejos desarrollos con una originalidad que fascinó a sus contemporáneos. Esta tendencia hacia la austeridad temática se puede apreciar por ejemplo en las últimas sinfonías de Jean Sibelius ciento veinte años más tarde.

La obra de Haydn fue fundamental en el desarrollo de la denomininada forma sonata. Sin embargo, su práctica difiere en algunos puntos de las de Mozart y Beethoven, sus coetáneos más jóvenes que también destacaron en esta forma de composición. Haydn fue particularmente aficionado a la llamada «exposición monotemática», en la que la música que establece la clave dominante es similar o idéntica al tema de apertura. Haydn también difiere de Mozart y Beethoven en sus secciones de recapitulación, donde Haydn a menudo reorganiza el orden de los temas en comparación a la exposición y utiliza un amplio desarrollo temático.

La inventiva formal de Haydn también lo llevó a integrar la fuga en el estilo clásico y a enriquecer la forma rondó con una cohesión tonal más lógica. Haydn fue también el principal exponente de la forma de variación doble (variaciones alternas sobre dos temas, que a menudo son los principales y no meras versiones el uno del otro).

Quizás más que cualquier otro compositor, la música de Haydn es conocida por su humor. Haydn tenía muchos amigos y un gran sentido del humor, evidente en su amor por las bromas pesadas que a menudo aparecen en su música. Durante la mayor parte de su vida se benefició de su «temperamento alegre y feliz por naturaleza». Son característicos de su estilo los cambios repentinos de momentos dramáticos a efectos humorísticos así como su inclinación por las melodías de tipo folclórico. Un escritor de su época describió su música como "arte popular" y, de hecho, su equilibrio entre la música directa y los experimentos innovadores transformó la expresión instrumental del siglo XVIII.

Johannes Chrysostomus Wolfgang Amadeus Mozart (1756-1791)

Nació el 27 de enero de 1756 en Salzburgo y fue bautizado con el nombre de Johannes Chrysostomus Wolfgang Amadeus Mozart. Fue el último hijo de Leopold Mozart, músico que estaba al servicio del príncipe arzobispo de Salzburgo. Después del nacimiento de Wolfgang, Leopold decidió dedicarse de manera exclusiva a la formación de sus hijos. Fue exigente como padre y como profesor, él les enseñó música, así como el resto de asignaturas académicas.

Con tan sólo cuatro años demostró una gran capacidad en la lectura a primera vista, una memoria prodigiosa y una inagotable capacidad para improvisar frases musicales. Tocaba el clavicordio y componía pequeñas obras de considerable dificultad; a los seis, tocaba con destreza el clavecín y el violín.

Cuando cumplió seis años, Leopold decidió exhibir las dotes musicales de sus hijos ante las principales cortes de Europa. Según los primeros biógrafos de Wolfgang, su padre «quiso compartir con el mundo el milagroso talento de sus hijos...». Leopold creyó que proclamar este milagro al mundo era un deber hacia su país, su príncipe y su Dios, por lo que tenía que mostrarlo a la alta sociedad europea. Así, durante los años en los que Mozart se estaba formando, su familia realizó varios viajes por Europa, en los cuales mostraban a él y a su hermana Nannerl como niños prodigio.

Durante este periodo compuso sonatas, tanto para clave como para violín, una sinfonía (1764), un oratorio (1766) y la ópera cómica *La finta semplice* (1768). En 1769 fue nombrado maestro de capilla del arzobispado de Salzburgo y en La Scala de Milán el Papa le hizo caballero de la Orden de la Espuela Dorada. Ese mismo año compuso *Bastien und Bastienne*, su primer *singspiel* (género operístico alemán con partes recitadas). Al año siguiente le encargaron en Milán su primera gran ópera, *Mitrídates, rey del Ponto* (1770), con la que su reputación se afianzó aún más.

Mozart y su padre volvieron definitivamente a Salzburgo en 1773. Allí trabajó en numerosos géneros musicales, incluyendo sinfonías, sonatas, cuartetos de cuerdas, serenatas, divertimentos, música sacra y algunas óperas.

Entre abril y diciembre de 1775, Mozart desarrolló su entusiasmo por los conciertos para violín. Produjo la serie de los únicos cinco conciertos que escribiría en su vida, en los que fue incrementando progresivamente su sofisticación musical. En 1776 centró sus esfuerzos en los conciertos para piano y orquesta (un total de 27), que culminaría en el Concierto para piano y orquesta nº 9 en mi bemol mayor a principios de 1777, considerado por los críticos el punto de inflexión de su obra.

A pesar de estos éxitos musicales y de ser confirmado en su puesto de maestro de conciertos, Mozart estaba cada vez más descontento con su situación en Salzburgo y redobló sus esfuerzos para establecerse en cualquier otra ciudad. Uno de los motivos de dicho descontento fue su bajo salario, 150 florines por año, y la escasez de tiempo de que disponía para componer sus óperas. La situación empeoró cuando el teatro de la corte fue clausurado.

SUS VIAJES

A lo largo de este periodo, los Mozart realizaron dos largas expediciones, a Viena en 1773 y a Múnich entre 1774 y 1775. Estas visitas no tuvieron éxito, pese a que el viaje a Múnich tuvo una gran acogida popular con el estreno de la ópera *La finta giardiniera* y el viaje a Viena fue positivo para su arte, ya que conoció el nuevo estilo vienés a través de la música de Haydn.

Poco después marcharon a Mannheim, por entonces capital musical de Europa, con la idea de conseguir un empleo y, aunque no consiguieron su objetivo, Wolfang trabó relación con los miembros de la orquesta. En su búsqueda, los Mozart partieron a París en 1778, en una de sus cartas a casa Wolfang insinúa la posibilidad de establecerse como organista en Versalles, aunque no estaba demasiado interesado en este nombramiento. Su situación económica era delicada hasta el punto de que debido a las deudas tuvieron que empeñar objetos de valor. La *Sonata para piano nº 8 en La menor* y la *Sinfonía nº 31 "París"* están entre sus obras más conocidas de su estancia en París.

Finalmente regresaron a Salzburgo, donde la nobleza local consiguió asegurarle una mejor posición como organista y primer violinista de la corte. El salario anual ascendía a 450 florines, y aunque aceptó el nuevo puesto su descontento con Salzburgo no había menguado.

En enero de 1781, se estrenó en Múnich la ópera *Idomeneo, re di Creta* con un "considerable éxito" y en marzo, el compositor fue llamado a Viena por el arzobispo de Salzburgo, pero Mozart renunció a su puesto, lo que supuso un "paso revolucionario" que alteraría enormemente el curso de su vida. En Viena, Mozart se había dado cuenta de algunas buenas oportunidades y decidió establecerse allí como intérprete y compositor independiente.

Sus años en Viena

En Viena, Mozart tuvo un buen comienzo en sus interpretaciones como pianista, destacó en una competición con Muzio Clementi ante el Emperador y pronto se consolidó "como el mejor intérprete de teclado de Viena". Como compositor, en 1782 completó la ópera *El rapto en el serrallo*, que obtuvo una enorme aclamación en su estreno y marcó el afianzamiento del género singspiel, u ópera alemana, en una fecha en que el italiano era el idioma oficial en la ópera. La obra consolidó plenamente la reputación de Mozart como compositor. Como anécdota, el emperador José II comentó al final del estreno de la ópera: "Música maravillosa para nuestros oídos, verdaderamente creo que tiene demasiadas notas", a lo que el compositor contestó: "Exactamente, ¿cuántas son menester?".

A pesar de que Mozart aún no había alcanzado su madurez y profundidad definitiva, en esta obra se expresó por primera vez la dimensión dramática que se aprecia en sus óperas posteriores. Esta ópera le reportó el mayor éxito teatral que conocería en vida.

En 1782 se casó con Constanze Weber sin el consentimiento paterno, para celebrarlo y calmar a su padre, Mozart compuso la inconclusa *Gran misa en Do menor*, que pensaba estrenar en Salzburgo con Constanze como primera soprano solista, lo que sólo pudo hacer en agosto de 1783.

Durante los años 1782 y 1783 estudió profundamente la obra de Haendel y J. S. Bach en la biblioteca del barón Gottfried Van Swieten, un aficionado y coleccionista musical que tenía en su poder una gran cantidad de partituras de compositores barrocos. Entre las obras que examinó se encontraban los oratorios de Haendel y *El clave bien temperado* de Bach. Mozart asimiló así los modos de composición de ambos, concediendo a la mayoría de las obras de este período un toque contrapuntístico. Esta asimilación de las técnicas compositivas barrocas se aprecia en los pasajes en fuga de *La flauta mágica* y el final de la *Sinfonía Júpiter*.

En Viena conoció a Joseph Haydn y, cuando visitaba la ciudad, interpretaban juntos en un cuarteto de cuerdas improvisado. Los seis cuartetos de Mozart dedicados a Haydn datan del período de 1782 a 1785 y suponen una dedicatoria a los *Cuartetos de cuerda rusos* de Haydn. Al oírlos, Haydn permaneció en pie como signo de respeto hacia Mozart y, según recordó más tarde su hermana, dijo a Leopold sobre Wolfgang: "Le digo a usted ante Dios, y como un hombre honesto, que su hijo es el mayor compositor conocido por mí en persona y por reputación, tiene gusto y, además, la mayor habilidad para la composición".

Desde 1782 hasta 1785, Mozart organizó conciertos que alcanzaron gran popularidad, en los que realizaba interpretaciones como solista, presentando hasta tres o cuatro conciertos nuevos para piano en cada uno. Puesto que el aforo de los teatros era escaso, reservaba espacios poco convencionales como una gran sala en un edificio de apartamentos o el salón de baile de un restaurante. Con las sustanciales ganancias de sus conciertos y otras actuaciones, el matrimonio Mozart adoptó un modo de vida más lujoso. Se trasladaron a un apartamento caro y compró un excelente fortepiano de Anton Walter. En estos años compuso poca literatura operística, sólo alrededor de 1785 abandonó la composición de obras para teclado y comenzó su fructífera colaboración con el libretista Lorenzo da Ponte.

En 1786 estrenó en Viena *Las bodas de Fígaro*, basada en la obra homónima de Beaumarchais y que no estuvo exenta de polémica debido a su contenido político. Si bien Mozart y Da Ponte se las arreglaron para minimizar todo aquello que pudiese hacerla sospechosa ante las autoridades vienesas y logró pasar la censura. La preocupación del Emperador residía en que la obra sugería la lucha de clases que en Francia había provocado tantos disturbios a su hermana María Antonieta. En el aria de Fígaro *Se vuol ballare* es evidente ese contenido que quiso atenuarse.

Su recepción en Praga ese mismo año fue aún más cálida y esto condujo a una segunda colaboración con Da Ponte en *Don Giovanni*, estrenada en Praga en octubre de 1787 y en Viena en 1788 con un rotundo éxito. Esta obra había sido un tema recurrente en la literatura y el teatro, por lo que Da Ponte no se basó en un texto en particular sino que recogió información de diversas fuentes. La ópera fue catalogada por Mozart como un "dramma giocoso" y su título original era *Il dissoluto punito o sia Il D. Giovanni*. El contenido dramático de esta obra está presente desde el comienzo, con la muerte del comendador, hasta el final y contiene algunos de los pasajes más hermosos de su obra.

En 1787 Mozart obtuvo finalmente un puesto estable bajo el mecenazgo aristocrático del emperador José II como compositor de cámara, un puesto que había quedado vacante tras la muerte de C. W. Gluck. Sin embargo, era un nombramiento a tiempo parcial por el que recibía únicamente 800 florines al año y que sólo requería que compusiera obras para los bailes anuales en el palacio imperial.

Hacia el final de la década de 1780 su situación económica era delicada, a causa de la guerra entre Austria y Turquía por la que se había reducido el estatus económico de la aristocracia que financiaba a los músicos de la ciudad. Además, Viena iría perdiendo el interés por Mozart debido al advenimiento de otros pianistas con una técnica más resuelta, como Muzio Clementi, con escalas en terceras y acordes más sonoros, ideales para los pianos de construcción inglesa de una sonoridad más robusta, al contrario de los de sonoridad delicada vienesa aptos para las sutilezas mozartianas.

Las principales obras de este periodo incluyen las tres últimas sinfonías n.º 39 en Mi bemol Mayor, nº 40 en Sol menor y nº 41 en Re Mayor *Júpiter* compuestas en 1788 y *Così fan tutte,* la última de las tres óperas escritas en colaboración con Da Ponte, estrenada en 1790.

El año 1791 fue último de vida de Mozart, un momento de gran productividad y de recuperación personal hasta su enfermedad final. A lo largo de este lapso escribió numerosas composiciones, incluyendo algunos de sus trabajos más célebres como *La flauta mágica*, el último concierto para piano y orquesta nº 27 en Si bemol Mayor, el Concierto para clarinete en La Mayor, el último de su gran serie de quintetos de cuerda, el motete *Ave verum corpus* y el inacabado *Réquiem en re menor*.

Mozart empezó a sentirse enfermo ya durante su estancia en Praga para el estreno de su ópera *La clemenza di Tito*, compuesta por encargo para los festejos de coronación como emperador de Leopoldo II. Al regresar a Viena, Mozart inició el Réquiem y preparó, junto con el empresario teatral y cantante Emanuel Schikaneder, los ensayos de *La flauta mágica* que se estrenó con gran éxito con el propio Mozart como director.

CARACTERÍSTICAS DE SU MÚSICA

Su música sintetiza los rasgos esenciales del estilo clásico; la claridad, el equilibrio y la transparencia son característicos de su trabajo.

Mozart se interesó siempre por estudiar y adaptar las aportaciones de otros compositores y además sus viajes le ayudaron a enriquecer su bagaje cultural, con el que llegaría a crear un lenguaje compositivo único. Así, en Londres encontró a Johann Christian Bach, en París y Viena conoció las tendencias compositivas francesas, en Mannheim las capacidades de vanguardia de su orquesta. En Italia descubrió la obertura italiana y la ópera buffa que influyeron profundamente en su composición operística.

Del estilo galante que estaba en auge en sus años de juventud asimiló la naturaleza simple y brillante de su estilo y su predilección por la cadencia. A nivel armónico, exploró la armonía cromática hasta un extremo desconocido hasta entonces, con una notable seguridad y un gran efecto expresivo. En su obra es patente su énfasis en la tónica, la dominante y la subdominante. Asumió también su tendencia a la simetría de las frases y estructuras formales claramente articuladas en la forma global de los movimientos.

En algunas de sus primeras sinfonías adopta la estructura de las oberturas italianas de tres movimientos, con la misma tonalidad en toda la composición salvo la modulación al tono relativo menor en el segundo movimiento más lento. Pero a medida que su estilo fue madurando, incorporó a su obra técnicas fugadas y contrapuntísticas adaptadas del Barroco. Por ejemplo, la Sinfonía nº 29 en La Mayor presenta un tema principal de contrapunto en el primer movimiento en el que experimenta con longitudes de frase irregulares.

A partir de 1773 incorporó la fuga en sus cuartetos finales, probablemente por influencia de Haydn, quien había incluido esta forma en tres finales por esas fechas.

Mozart alternaría su foco de interés entre la ópera y la música instrumental. Compuso óperas en cada uno de los estilos predominantes en la época: la ópera "buffa", con obras como *Las bodas de Fígaro, Don Giovanni* y *Così fan tutte*; ópera seria, como *Idomeneo*; y el singspiel, del cual *La flauta mágica* es el ejemplo más notable. En sus óperas introdujo cambios sutiles en la textura orquestal, en la instrumentación y en su timbre para aportar una mayor profundidad emocional y resaltar los pasajes dramáticos. Algunas de sus innovaciones en el género operístico y la composición instrumental son:

- Un empleo cada vez más sofisticado de la orquesta en las sinfonías y conciertos, que influyó en su orquestación operística.

- La utilización de la orquesta como refuerzo del efecto psicológico en la trama y en la definición de los personajes.

La obra de Mozart fue catalogada por Ludwig von Köchel en 1862, en un catálogo que comprende 626 obras, codificadas según un criterio cronológico y temático con un número del 1 al 626 precedido por el sufijo KV.

LA OBRA ORQUESTAL

La orquesta en manos de Mozart se convirtió en un instrumento formidable y sutil a un mismo tiempo, en cuyo perfeccionamiento y desarrollo colaboró destacadamente. Escribió un total de 50 obras orquestales, entre sinfonías y composiciones de tipo sinfónico, unos 40 conciertos de los cuales la mitad son para piano, 5 para violín, 4 para trompa y otros tantos para flauta, oboe, clarinete y conjuntos de instrumentos agrupados. A esta producción se suman danzas, serenatas, divertimentos, marchas, etc.

La evolución de su obra sinfónica corre pareja a los cambios sociales que vivió Europa a lo largo de este convulso período. Así, primero escribió para la aristocracia, después según los gustos de la alta burguesía que determinaba el éxito de una obra en los conciertos. En una última etapa, desengañado de la indiferencia del público, acabó componiendo para sí mismo.

LAS SINFONÍAS

Su obra orquestal recoge con madurez el proceso de aportaciones iniciado por los músicos italianos desde principios de siglo. Pero Mozart enriqueció este bagaje con su imaginación, para crear nuevos desarrollos con variaciones temáticas, estructurales y tímbricas. Aportó a la orquesta un sentido del color hasta entonces desconocido. Potenció la participación de los instrumentos de viento para equilibrar la sonoridad entre los diferentes registros, utilizó los timbres de los diversos instrumentos para asociarles los temas según sus capacidades técnicas, en función de la intención expresiva requerida en cada momento. Jugaba así con el contraste para potenciar la expresividad.

En sus composiciones es característica la sobreabundancia de ideas, con temas que en su desarrollo definen frases de sentido completo, dentro de los cánones formales clásicos de equilibrio y simetría. Entendió con claridad la polaridad tonal de la forma sonata y utilizó su estructura interna con sentido dramático. Desde su primera *Sinfonía en mi bemol* compuesta en 1764 hasta las sinfonías de 1773-1774, el estilo de sus sinfonías evolucionó desde una tendencia inicial, que oscilaba entre la influencia italiana de la estructura en tres movimientos, hasta la forma alemana de cuatro. Progresivamente, fue dilatando los desarrollos temáticos hasta conseguir una estructura más proporcionada. Así, en su primera etapa comenzó a desdoblar los papeles de las violas y los bajos y a independizar los instrumentos de viento, a los que otorgó en ocasiones funciones melódicas de interés. Se detecta en ello influencias de la escuela de Mannheim y de las sinfonías de Haydn.

LA MÚSICA VOCAL

La *Misa de Réquiem en Re menor* es una obra basada en los textos latinos de la liturgia católica propios de las misas de difuntos. Se trata de la decimonovena y última misa escrita por Mozart, quien murió en 1791 antes de terminarla.

El encargo se debe a un desconocido que se presentó en su casa, vestido de gris, rehusó identificarse y encargó a Mozart la composición de una misa de réquiem. Le anticipó un adelanto con la promesa de que regresaría en un mes. Entretanto, el compositor fue llamado desde Praga para escribir la ópera *La clemencia de Tito* en honor a los festejos por la coronación de Leopoldo II. Justo cuando subía con su esposa al carruaje, el desconocido se presentó de nuevo, preguntando por su encargo, lo que sobrecogió al compositor. Con posterioridad se supo que se trataba de un enviado del conde Franz von Walsegg, músico aficionado, que deseaba que Mozart compusiese la misa de réquiem para los funerales de su esposa, pero quería hacer creer que la obra era suya y por eso debía permanecer en el anonimato.

Desde el fallecimiento de su padre, Mozart estaba obsesionado con la idea de la muerte; debilitado por la fatiga y la enfermedad, se había vuelto muy sensible a lo sobrenatural por su vinculación con la francmasonería. Impresionado por el aspecto del enviado, creyó verdaderamente que el encargo procedía de un mensajero del Destino y que el réquiem que iba a componer sería para su propio funeral. Al morir dejó inconclusa la misa, de la que tan sólo consiguió terminar tres secciones con el coro y órgano completo: *Introitus*, *Kyrie* y *Dies Irae*.

LA PRODUCCIÓN OPERÍSTICA

Mozart compuso un total de 22 óperas en diferentes géneros musicales, desde las obras a pequeña escala que compuso en su juventud a las óperas de mayor envergadura de su madurez. Sus óperas de madurez son consideradas obras clásicas del repertorio de los teatros de ópera de todo el mundo.

Desde temprana edad demostró una extraordinaria capacidad para asimilar cualquier estilo que fuera útil a su composición. Usó su don para innovar convirtiéndose en asimilador, perfeccionador e innovador. En una carta a su padre, fechada el 7 de febrero de 1778, escribió "Como sabes, puedo adoptar o imitar más o menos cualquier clase y estilo de composición".

Así, sus primeras obras siguen las formas tradicionales de la ópera italiana «seria» y «buffa» y el singspiel alemán. En su madurez perfeccionó estas categorías con su invención y, en *Don Giovanni*, llevó a cabo una unión de los dos géneros italianos, incluyendo la ópera «seria» en el personaje de Donna Anna, la «buffa» en los personajes de Leporello y Zerlina, y una mezcla de ambas en el personaje de Donna Elvira.

Las ideas y caracterizaciones de sus primeras obras fueron desarrolladas y refinadas posteriormente. Por ejemplo, en sus últimas óperas destacan una serie de personajes femeninos cuyo prototipo estaba ya presente en sus primeras óperas; Bastienne (*Bastien und Bastienne*, 1768) y Sandrina (*La finta giardiniera*, 1774) son precedentes de las posteriores Constanza (*El rapto en el serrallo*) y Pamina (*La flauta mágica*, 1791), mientras que Serpetta (*La finta giardiniera*) es la precursora de Blonde (*El rapto en el serrallo*).

Los textos de las obras de Mozart provienen de varias fuentes, las primeras óperas son a menudo adaptaciones de textos existentes. El primer libretista elegido por el propio Mozart aparentemente fue Giambattista Varesco, para *Idomeneo, re di Creta* en 1781. Cinco años después, empezó su colaboración más duradera con Lorenzo da Ponte. Mozart sentía que, como compositor, su opinión debería ser tenida en cuenta en el contenido del libreto para servir mejor a la música.

Los asuntos. Mozart componía prácticamente sobre cualquier tema: superfluo, artificioso, ingenuo, incoherente...pero precisaba de la existencia de un asunto dramático, de una situación donde se desatara una crisis y un desenlace que la música pudiera intensificar.

Los personajes. Mozart era un magnífico caracterizador; en sus óperas los personajes cobran vida, especialmente cuando se enfrentan dialécticamente, de ahí la importancia de sus grandes conjuntos corales.

Las estructuras. Mozart marcaba con claridad la separación entre recitativos y arias, en contra de lo establecido por Gluck. Es un rasgo reaccionario que no supuso una vuelta al pasado barroco en que los recitativos servían a la acción mientras la meditación se atribuía al aria. En Mozart los recitativos son sencillos y funcionan como enlaces de los episodios de acción dramática que adquiere fuerza en los solos y arias conjuntas de los personajes. Es un rasgo característicamente italiano que facilitaba el desarrollo continuo de la trama. Mozart diseñó estos conjuntos como extensos fragmentos en los finales de acto para dotar de mayor unidad a la acción dramática en el paso de un acto al siguiente.

Relación voz-orquesta. Quedan siempre imbricadas pero de manera que el texto cantado resulte siempre claro sin que por ello la orquesta se limite a ser un mero sostén de la voz. En sus óperas texto y música cooperan de forma indisoluble al desarrollo del drama, el libreto da asunto a la música y ésta lo devuelve absorbido y engrandecido.

El rapto en el serrallo es un singspiel en tres actos con libreto en alemán de Gottlieb Stephanie, quien adaptó otro libreto de Christoph Friedrich Bretzner. Se estrenó en el Burgtheater de Viena el 16 de julio de 1782. La obra es ligera y frecuentemente cómica, junto con otras obras contemporáneas, se vio inspirada por un interés de la época en la cultura exótica que se percibía del imperio otomano.

Las bodas de Fígaro (título original Le nozze di Figaro) es una ópera bufa en cuatro actos con libreto en italiano de Lorenzo da Ponte, basado en Le mariage de Figaro de Beaumarchais. Fue compuesta entre 1785 y 1786 y estrenada en Viena el 1 de mayo de 1786 bajo la dirección del mismo compositor. Se considera una de las mejores creaciones de Mozart. El emperador concedió licencia para representarla a pesar de estar prohibida como obra de teatro, pues Da Ponte y Mozart transformaron la historia, evitando las alusiones sociales y políticas que podían ser problemáticas, profundizaron en la caracterización de los personajes.

El libertino castigado o Don Juan (Il dissoluto punito ossia il Don Giovanni) es una ópera en dos actos con libreto en italiano de Lorenzo da Ponte. Se estrenó en el Teatro de Praga el 29 de octubre de 1787. El libreto de Da Ponte fue considerado por muchos en la época como *dramma giocoso,* un término que denota la mezcla de acción cómica y seria. Está basada en el mito de Don Juan. Surgió como un encargo a raíz del éxito del estreno de su anterior ópera, *Las bodas de Fígaro.*

Così fan tutte ossia La scuola degli amanti es un drama jocoso en dos actos con libreto en italiano de Lorenzo da Ponte. Se estrenó en el Burgtheater de Viena el 26 de enero de 1790 con un éxito discreto.

La flauta mágica es un *singspiel* en dos actos con libreto en alemán del empresario teatral Emanuel Schikaneder que pasaba graves apuros económicos. Mozart, gran amigo suyo desde la juventud y en su misma situación financiera, resolvió escribir para él una obra que podría dar dinero. Es la última ópera escenificada en vida del compositor, estrenada en el Teatro de Viena, el 30 de septiembre de 1791 bajo la dirección del propio Mozart, apenas dos meses antes de su muerte. En ella se intercalan partes habladas.

EL ROMANTICISMO MUSICAL

El Romanticismo es un movimiento intelectual y artístico originado en Alemania y en el Reino Unido a finales del siglo XVIII, que confería prioridad a los sentimientos como una reacción revolucionaria contra el racionalismo de la Ilustración y el Clasicismo. Su característica fundamental es la ruptura con la tradición clasicista basada en un conjunto de reglas estereotipadas. La libertad auténtica es su búsqueda constante. El Romanticismo es una manera de sentir y concebir la naturaleza, la vida y el ser humano que se manifiesta de manera particular en cada autor, por lo que se inscriben en esta corriente distintas tendencias.

Tuvo manifestaciones artísticas en la literatura, la pintura, la música; su influencia se prolongó a las corrientes vanguardistas del siglo XX así, por ejemplo, el Surrealismo llevó hasta el extremo los postulados románticos de la exaltación del subconsciente. Por ello es difícil concretar la cronología de este movimiento que fue en cierto modo consecuencia de la política social y económica posterior a la Revolución Francesa.

Las primeras manifestaciones artísticas de esta corriente aparecen principalmente en la música y la literatura, en concreto en la poesía. "La música es la más romántica de todas las artes" escribió E.T.A. Hoffmann a propósito de la 5ª Sinfonía de Beethoven. De hecho, incluso los poetas comenzaban a desconfiar de la palabra por su propia carga semántica. La música, en cambio, desprovista de las viejas teorías de la retórica se mostró como el arte que, por su incapacidad de expresar algo concreto, podía expresarlo todo, los sentimientos más íntimos, lo sublime, lo macabro y lo divino. La música encarnaba el ideal al que tendieron todas las artes, de ahí esa tendencia a la fusión de todas ellas en un arte supremo en el que la música constituía el aglutinante perfecto.

Siguiendo los presupuestos estéticos hegelianos, el arte no es más que la preparación para la realización de la Idea o Espíritu Absoluto. En el pensamiento y el concepto es donde se consuma la plenitud de la realidad, por ello todas las artes tienden hacia el Espíritu, al que tratan de reflejar. La imagen, la materia y lo sensible son sólo momentos dialécticos previos necesarios, cuyo destino es aspirar a la superioridad sapiente de la Idea, que no puede contentarse con una manifestación de la verdad en el plano de la imagen artística. La obra de arte es, en principio, una forma particular, es únicamente un instante provisional dentro de la evolución dialéctica de la Idea. Por lo que debe trascender su particularidad para reflejar la Idea. Así, el más alto destino del arte es "aprehender y representar lo real como verdadero; es decir, conforme a la Idea".

La estética de Hegel persigue la figura histórica del arte en el que el Espíritu domina y supera a la forma. Sólo en este estadio el arte es capaz de liberarse del mundo sensible y encuentra en el pensamiento el principio de su existencia. Es así que "este desarrollo del espíritu, que se eleva hasta sí mismo, que encuentra en sí lo que antes buscaba en el mundo sensible, constituye el principio fundamental del arte romántico".

Esta idea se plasmará en la segunda mitad del siglo, una vez las primeras propuestas románticas hayan sido aceptadas y asimiladas, tanto en el género vocal con la ópera wagneriana, como en el terreno instrumental con el poema sinfónico. En el primer Romanticismo coexistirán todavía grandes contradicciones. Se valoran aún las grandes formas clásicas, se respetan sus estructuras, hasta que poco a poco van siendo sustituidas por otras formas de organizaciones musicales más afines a las nuevas nociones. Así, al principio el peso de los cánones clásicos era aún excesivo, pero comienzan a aparecer los nuevos ideales en las pequeñas canciones para piano en las que el piano en lo instrumental, como motor de la acción expresiva, y el contenido del poema expresado por el canto lograron una fusión perfecta. La ópera, por su parte, se mantuvo vacilante después del milagro mozartiano y sólo a partir del fenómeno que supuso la obra de Rossini pudieron plantearse nuevas metas hasta desembocar en el "arte total".

Contexto histórico musical

El final del Antiguo Régimen supuso un lento pero irrefrenable declive del mecenazgo aristocrático. Asimismo, la disminución del poder político y económico de la Iglesia comportó la pérdida de innumerables cargos musicales y supuso además la desaparición de un gran número de capillas musicales y cantorías que habían actuado hasta el momento como los principales centros de educación musical.

El nuevo poder estatal, con la alta burguesía al frente como principal aliada, tardó en reaccionar, salvo en aspectos concretos como la creación de organismos educativos que aseguraran la formación y la transmisión del oficio musical, en gran parte a imitación del nuevo modelo de conservatorio napoleónico francés. Nacieron así sociedades de concierto, orquestas autogestionadas, grupos de compositores unidos por ideales estéticos como por la conquista del derecho de autor e interpretación. Por ello, el músico del s. XIX adquirió notables dosis de libertad personal. Desprovisto del amparo benefactor del mecenazgo, se convirtió en un individuo independiente para quien el asociacionismo propició una solución óptima.

El subjetivismo imperante y la cada vez menos frecuente composición por encargo se enfrentó al menor nivel artístico de las nuevas capas sociales a las que se dirigían los compositores, ya que los burgueses estaban ávidos de música fácil de entretenimiento, desprovista de complicaciones técnicas para su ejecución, ligeras y desenvueltas para la danza. Surgió así una música aislada socialmente, escrita por un artista incomprendido por aquellos que utilizaban el arte como mero decorado. El tópico del músico romántico, pocas veces cierto del todo, fue el de un artista "maldito", en contradicción con la sociedad en la que vive, lo que le conducirá al aislamiento, sino a la locura o a la muerte temprana. Este rasgo, unido al interés historicista por el pasado musical, llegó incluso a convertir a músicos anteriores de muerte temprana, como Pergolesi o Mozart, en autores "románticos".

Con este panorama, el compositor del siglo XIX hubo de encontrar nuevos medios de supervivencia. En este sentido, su nivel cultural más alto, sobre todo literario, lo convirtió en un hábil colaborador de los medios de comunicación, de periódicos y revistas especializadas, como demostraron Berlioz o Schumann. Aunque la verdadera salida la encontraron a través de las dos opciones ya tradicionales. Por un lado como intérpretes virtuosos, lo que dio origen al nacimiento de la figura del divo instrumental, que halló un modo inédito de llegar a grandes públicos, reunidos en espacios cada vez mayores y excitados por las proezas técnicas de los intérpretes, como harían Paganini o Liszt. Por otro lado, el teatro aseguraba también el éxito como compositores y productores teatrales, aunque no siempre el bienestar económico. El compositor de ópera del siglo XIX tenía que componer muchas obras en poco tiempo. Se cuenta, por ejemplo, que Rossini compuso el *Barbero de Sevilla* en trece días; asimismo, Donizetti llegó a estrenar 70 óperas en 30 años y en géneros menores las cifras llegan a triplicarse. De este modo, la tensión entre creación y mercado es una de las claves para comprender mejor el siglo.

Características generales

El Romanticismo es una reacción contra el espíritu racional y crítico de la Ilustración y el Clasicismo y potenciaba, ante todo:

- Preponderancia del subjetivismo, el arte es el medio para la expresión del ego y de la exaltación de las pasiones y sentimientos propios;

- Todo se deriva de la imaginación.

- Exaltación de los ideales.

- Existe íntima comunicación con la naturaleza.

- Deseos de expresar heroísmo.

- El licor, el vino y los estupefacientes no fueron considerados como vicios, sino como un remedio o alivio para buscar sensaciones estéticas.

- La conciencia del "Yo" como entidad autónoma, dotada de capacidades variables e individuales como la fantasía y el sentimiento frente a la universalidad de la razón dieciochesca.

- La primacía del "Genio", creador de un Universo propio: el autor como demiurgo.

- Valoración de lo singular frente a lo común, lo que explica su fuerte tendencia nacionalista.

- El liberalismo frente al despotismo ilustrado.

- La originalidad frente a la tradición clasicista y la adecuación a los cánones. Cada hombre debe mostrar lo que le hace único.

- La creatividad frente a la imitación de lo antiguo.

- La obra imperfecta, inacabada y abierta frente a la obra perfecta, concluida y cerrada.

- La ruptura con la norma si ahoga su libertad, así como la renovación de temas y ritmos.

- En contraste con el Siglo de las Luces se prefieren el misticismo, la fantasía y la superstición.

Un aspecto del influjo del nuevo espíritu romántico y su cultivo de lo diferencial es el auge de los estilos o escuelas nacionalistas en su afán por recuperar formas, melodías y ritmos populares. Este auge de lo nacional fue una reacción a la cultura francesa del siglo XVIII, de espíritu clásico y universalista, difundida por Europa a través de las campañas napoleónicas.

Frente a la afirmación de lo racional, irrumpió la exaltación de lo instintivo y lo sentimental que representó el deseo de libertad del individuo, de liberación de las pasiones y de los instintos que presenta el «yo», para dar rienda suelta al subjetivismo y al sentimiento sobre la razón. Los románticos amaban la naturaleza frente a la civilización como símbolo de todo lo verdadero y genuino.

En consonancia con lo anterior, se produjo una mayor valoración de lo relacionado con la Baja Edad Media que se revaloriza frente a otras épocas históricas.

Sin embargo, el idealismo extremo y exagerado que se buscaba en el Romanticismo chocaba con frecuencia con una realidad miserable y materialista, lo que causaba con frecuencia que el romántico, sintiéndose decepcionado e incapaz de transformar la realidad, acabara con su propia vida mediante el suicidio.

Elementos Artísticos

A nivel artístico, los componentes esenciales del arte romántico pueden sintetizarse en:

- Al contrario del formalismo clásico, busca independencia en la expresión.

- Preponderancia de la libertad y el color sobre la rigidez de la estructura de la forma musical.

- Rechazo al recurso metodológico.

- Posee una fuente de lirismo, que concede una gran importancia a la literatura y a la poesía.

- El paisaje local es uno de sus elementos de inspiración que merecen ser expresados.

- Preferencia por lo particular, por el elemento nacional.

Características Musicales

La tensión entre el deseo de más color y el deseo clásico de mantener la estructura conllevó en un primer momento a una crisis musical. Una respuesta fue moverse hacia la ópera, donde el texto podía otorgar una estructura incluso cuando no hubiera modelos formales. Otra respuesta a esta crisis se obtuvo mediante el recurso a nuevos tipos de organización melódica, con la utilización de formas más cortas, como el nocturno, donde la intensidad armónica en sí misma era suficiente para mover la música adelante.

Asimismo, frente a la simetría de la melodía clásica que despertaba asentimiento y solidez, comienzan a prevalecer líneas discontinuas y asimétricas para provocar sorpresa y agitación. El músico romántico intentará que la música hable, que sea expresiva y evocadora. A ello contribuyeron también nuevos tipos de organización armónica, cuando el sistema tonal estaba bien establecido, con la triada armónica como pilar polifónico. Con el Romanticismo comienza a apreciarse su valor expresivo, tanto en acordes aislados como en progresiones armónicas. Se permiten además mayores licencias en las disonancias y una mayor investigación cromática, salvo en la ópera italiana en la que el predominio vocal suele sustentarse sobre la simplicidad armónica.

Este deseo de hallar nuevos recursos expresivos se correspondió también con una intensa búsqueda del color, sobre la base ya codificada del timbre orquestal, se añaden instrumentos inusuales, se amplían los registros de los vientos, entre los cuales muchos sufren grandes transformaciones técnicas, adquieren su fisonomía actual (flautas Boehm, trompas de pistones, etc.) a la instrumentación clásica se añaden nuevos instrumentos como el corno inglés o el flautín y, sobre todo, nuevas maneras de combinarlos. Poco a poco se desarrolla un nuevo campo de estudio, la orquestación, que no era desconocido en absoluto pero que se convierte ahora en una nueva asignatura para la que se escriben por primera vez tratados como el de Berlioz, que intentan definir criterios y difundir los logros obtenidos en la materia.

Estas características marcarán la tendencia a componer obras cuantitativamente más pequeñas. Frente a la sonata, la música de cámara o el concierto, el compositor prefiere refugiarse en pequeñas formas que, agrupadas, constituyen álbumes y ciclos de canciones. En general, el compositor romántico ha perdido el gusto por el desarrollo, incluso en la sinfonía opta antes por la adición de episodios. Huyendo del conjunto, se concentra en el detalle, en el "momento musical", por lo que cuanto más sencilla es la estructura, más libre resulta y mejor se adapta a la expresión.

De este modo, los principales rasgos de la música romántica pueden sintetizarse en:

- Música más emotiva y cercana al pueblo.

- La situación económica del compositor cambia y, en consecuencia, también su consideración social.

- Decae la música religiosa y de cámara.

- Organización de la educación musical en escuelas y conservatorios, así Mendelssohn fundó el conservatorio de Leipzig en 1843.

- La melodía es apasionada e intensa, inspirada a veces en bases populares, generalmente con acompañamiento.

- El ritmo es libre y complejo.

- Se exploran nuevas tonalidades y un mayor cromatismo.

- Crean e innovan a partir de las formas clásicas, con más libertad y menos rigidez.

- Nacen nuevas formas sinfónicas, como el poema sinfónico y la obertura de concierto.

- Predilección por las pequeñas formas pianísticas libres, generalmente de un solo movimiento (preludio, fantasía, balada, nocturno);

- Popularidad de la ópera (Rossino, Bellini, Donizetti, Bizet, Verdi...), que desemboca en el drama wagneriano.

- Nace el ballet moderno.

- Proliferan los géneros de música ligera para bailes (valses, mazurcas, etc.)

- Las obras potencian el virtuosismo del intérprete, que se convierte en ídolo de los salones; al piano destacaron Liszt o Chopin, al violín Paganini.

- Los cuatro géneros favoritos fueron la escritura para piano, orquesta, ópera y el lied o canción;

- El instrumento favorito entre la burguesía fue el piano, ya que se perfecciona su tecnología y la técnica interpretativa.

- Hay mejores técnicas de instrumentos.

- La orquesta aumenta en el número de instrumentos integrantes.

La transición entre el Clasicismo y el Romanticismo

Con Beethoven y Schubert se suele comenzar el estudio del Romanticismo, aunque cabe reconocer que algunas de sus obras iniciales son inequívocamente clásicas. Se trata de un período de transición, tanto política como social y artística, y es el análisis concreto de la obra lo que nos indica con más claridad cuáles eran los propósitos del autor al escribirla, a quién iba dirigida y con qué fines.

Ludwig van Beethoven (1770-1827)

Considerado el último gran representante del Clasicismo vienés, Beethoven se empapó del espíritu clásico estudiando a Haydn y Mozart. Cronológicamente, su legado musical abarca desde el período clásico hasta los inicios del Romanticismo. A partir de algunas melodías mozartianas compuso tempranas *variaciones* con las que mostró su admiración por el maestro recién desaparecido. Consiguió hacer trascender la música del Romanticismo, impulsando su influencia en una gran diversidad de obras musicales a lo largo del siglo XIX. Su arte se expresó en numerosos géneros y aunque las sinfonías fueron la fuente principal de su popularidad internacional, su impacto resultó ser principalmente significativo en sus obras para piano y música de cámara. Su producción incluye los géneros pianísticos, de cámara, vocal (*lieder* y una ópera: *Fidelio*), concertante y orquestal (9 sinfonías, oberturas, etc.).

<u>Su infancia</u>

Con la intención de hacer de Ludwig un nuevo niño prodigio, su padre comenzó a enseñarle piano, órgano y clarinete a temprana edad. Sin embargo, el estudio musical coartó el desarrollo afectivo del joven y era usual que dejara de asistir a clases y se quedara en casa para practicar música.

Pronto comenzó a recibir clases de músicos experimentados como Christian G. Neefe en las que sus avances fueron significativos, sobre todo en órgano y composición. A los once años publicó *Nueve variaciones sobre una Marcha de Ernst Christoph Dressler*. Un año después, Neefe escribió en la Revista de Música acerca de su alumno: «Si continúa así, como ha comenzado, se convertirá seguramente en un segundo Wolfgang Amadeus Mozart».

En junio es contratado en la corte del príncipe elector de Colonia por recomendación de Neefe. Este puesto le permitió frecuentar la música de los viejos maestros de capilla, además de facilitarle la entrada en nuevos círculos sociales, en los que se encontraban algunos de los que serían amigos suyos durante toda su vida. Apoyado por el conde Ferdinand von Waldstein, en 1787 marcha a Viena, pero al poco tiempo su madre enfermó gravemente. Tras su muerte tuvo que responsabilizarse de sus hermanos y se vio obligado a mantenerlos tocando el violín en una orquesta y dando clases de piano durante cinco años.

<u>De aprendiz a maestro</u>

En 1792, el príncipe elector de Bonn volvió a financiarle un viaje a Viena, ciudad en la que permanecería el resto de su vida. En este período Beethoven recibió clases de composición de Joseph Haydn, de contrapunto y de lírica de Antonio Salieri y sostuvo famosos duelos musicales con otros pianistas.

Con 24 años publicó *Tres tríos para piano, violín y violonchelo* (Opus 1), su primera obra importante, y ya en 1795 recibió el encargo de un primer cuarteto para el conde Appony y, puesto a ello por dos veces, la primera le salió un *Trío para cuerdas* Op. 3 y la segunda un *Quinteto para cuerdas* Op. 4. Este mismo año realizó su primer concierto público en Viena como compositor en el que interpretó sus propias obras.

En 1796 emprendió una gira por Praga, Dresde, Leipzig, Berlín y Budapest, al tiempo que publicaba *Tres sonatas para piano* (opus 2). La corte, la nobleza y la Iglesia vienesas se convirtieron en protectoras del joven músico. No obstante, debido a su carácter, las disputas entre estos mecenas y el compositor eran frecuentes, aunque le valieron el respeto en la ciudad.

En 1800 organizó un nuevo concierto en Viena en el que presentó su *Primera Sinfonía*, dedicada al barón Swieten, que tanta importancia había tenido en las vidas de Haydn y Mozart. Su actividad musical iba en aumento y también impartía clases de piano entre las jóvenes aristócratas, con las que mantuvo romances esporádicos.

Acariciaba por fin el éxito en la sociedad vienesa cuando, a causa de ciertos problemas de salud, fue quedándose progresivamente sordo. Ya en 1801 se confesó preocupado por su creciente sordera a su amigo Wegeler. Al año siguiente escribió en Heiligenstadt el conocido *Testamento de Heiligenstadt*, en el que expresó su difícil situación personal, su desesperación y disgusto ante la injusticia de que un músico pudiera volverse sordo, lo que originó un cambio en su concepción de la música y en su forma de expresarse a través de ella. Esta injusticia era algo que no podía comprender ni soportar e incluso llegó a plantearse el suicidio. Pero la música y su fuerte convicción de que todavía tenía mucha música por descubrir, explorar y crear le hicieron seguir adelante. También contribuyeron a ello las nuevas corrientes postrevolucionarias francesas, manifiestas en sinfonías, óperas y cantatas civiles de François Gossec, Étienne Méhul y Luigi Cherubini que triunfaron en Viena a principios de siglo, que le llevaron a emprender obras que reflejaran contenidos extramusicales, pasmando en música esos ideales por los que tantos luchaban y morían.

De este modo, su música inicial, fresca y ligera, cambió para convertirse en épica y turbulenta, acorde con los tiempos revolucionarios que vivía Europa. Eran años en que las potencias monárquicas europeas se habían aliado para derrotar a la Francia revolucionaria. En una deslumbrante campaña en el norte de Italia, en la que el ejército austríaco fue derrotado, adquirió notoriedad Napoleón Bonaparte, que se convirtió en un ídolo entre los sectores progresistas. Los logros más personales de esta primera época son sus sonatas pianísticas: la *Sonata para piano n° 8*, llamada *Patética*, y la *Sonata para piano n° 14*, llamada

Claro de luna, en la que los moldes clásicos heredados comienzan a quebrarse. También pertenecen a esta etapa obras muy refinadas como el *Septeto* op. 20 o la *Serenata* op. 25. En 1802 compuso la Sinfonía nº 2, con la que dio por finalizada su asimilación de las reglas del estilo clásico. Al año siguiente abordó una *Sinfonía Bonaparte* con un héroe-símbolo como guía y que finalizaría en 1804 bajo el subtítulo de *Heroica*. Su Sinfonía nº 3 marcaría el comienzo de una nueva experiencia creadora. En un principio estaba escrita en «memoria de un gran hombre», Napoleón, que era visto en ese momento como un liberador de su pueblo. Sin embargo, cuando se declaró a sí mismo emperador, Beethoven se sintió defraudado y borró violentamente el nombre de Napoleón de la primera página de la partitura.

En el periodo de 1802 a 1812 compuso una serie de obras brillantes y enérgicas características de su estilo «heroico». Muy pronto, Beethoven dejó de necesitar los conciertos y recitales en los salones de la corte para sobrevivir. Los editores se disputaban sus obras; además, la aristocracia austriaca, quizás avergonzada por la muerte en la pobreza de Wolfgang Amadeus Mozart, le asignó una pensión anual. Debido a la pérdida de sus capacidades auditivas, se entregó a una febril actividad creadora.

Entre 1804 y 1807, estuvo enamorado de la joven condesa Josephine Brunswick, un amor correspondido que no pudo concretarse debido a las rígidas restricciones sociales de la época. Durante este período, Beethoven había terminado *Leonore*, su única ópera, para la que compuso hasta cuatro oberturas diferentes y a la que finalmente cambió el nombre por *Fidelio*. Se estrenó el 20 de noviembre de 1805 con poca afluencia de público, ya que esa misma semana las tropas de Napoleón habían entrado por primera vez en Viena. En los años siguientes, Beethoven incrementó su actividad creadora, entre las obras que compuso se encuentran la *Quinta Sinfonía*, la *Sinfonía Pastoral*, la *Obertura Coriolano* y la bagatela para piano *Para Elisa*.

Sus apariciones en público se hicieron cada vez menos frecuentes. El 22 de diciembre de 1808 Beethoven dio uno de sus últimos conciertos, en una larga jornada que incluyó el estreno de la *Fantasía para piano, orquesta y coro*, las sinfonías Quinta y Sexta, el *Concierto para piano* nº 4, el aria *Ah perfido!* y tres movimientos de la *Misa en Do Mayor*. En este momento tuvo como alumno al archiduque hermano del emperador quien se convirtió también en su más grande benefactor.

En 1809 Beethoven, no estando conforme con su situación económica, se planteó la invitación de Jerónimo Bonaparte para trasladarse a Holanda. Pero su vieja amiga la condesa

Anna Marie Erdödy logró convencerle con la ayuda de sus más ricos admiradores que ofrecieron a Beethoven una pensión anual de 4.000 florines, lo que le permitía vivir sin preocupaciones económicas. La única condición que le pusieron fue no abandonar la ciudad de Viena. Dicha pensión lo convirtió en el primer artista y compositor independiente de la historia, ya que anteriormente los músicos y compositores (Bach, Haydn y Mozart incluidos) eran sirvientes en casas aristocráticas, formaban parte de su personal doméstico y componían e interpretaban según lo que sus protectores les solicitaban. En cambio, las condiciones del arreglo al que llegó Beethoven con sus benefactores daban libertad al compositor de componer lo que él quisiera y cuando él quisiera, bajo demanda o no.

Beethoven había entablado contacto con el inventor Johann Mäzel, que le construyó varios instrumentos para ayudarlo con sus dificultades auditivas, como cornetas acústicas o un sistema para escuchar el piano. El invento de Mäzel que más impresionó al compositor fue el metrónomo, hasta el punto de que escribió cartas de recomendación a editores y comenzó a realizar anotaciones en las partituras para indicar los tiempos del metrónomo para que sus obras se interpretaran tal como él las había concebido.

Así, su obra orquestal *La victoria de Wellington* fue compuesta en 1813 para ser interpretada con uno de los inventos de Mäzel. Esta obra era un homenaje a la victoria sobre los ejércitos napoleónicos del duque de Wellington. Alcanzó gran popularidad, además de hacer verdaderamente famoso al compositor, lo que le procuró grandes ingresos. Sin embargo, él mismo la calificó como «basura» y hoy ha caído prácticamente en el olvido.

En esa época comenzaron sus problemas económicos ya que uno de sus mecenas sufrió una quiebra económica, además el príncipe Kinsky falleció y sus herederos decidieron no asumir las obligaciones financieras que el príncipe había contraído con el músico.

En 1814, acabó las Séptima y Octava Sinfonías y reformó la ópera *Fidelio* que fue un gran éxito tanto de público como económico, al igual que el resto de conciertos que realizó en esa época. Ese mismo año tuvo lugar el Congreso de Viena, que reunió en la ciudad a numerosos mandatarios que decidían el futuro de Europa después de la derrota de Napoleón en el que Beethoven fue invitado a participar en los múltiples conciertos que se organizaron en las celebraciones y fue recibido con admiración y reconocimiento.

Beethoven pasó los últimos años de su vida casi totalmente aislado por la sordera, relacionándose solamente con algunos de sus amigos a través de los «cuadernos de conversación», que le sirvieron como medio de comunicación. Su último gran éxito fue la

Novena Sinfonía, terminada en 1823. En los tres años finales, se dedicó a componer cuartetos de cuerda y la *Missa Solemnis*.

Hoy, Beethoven es reconocido como uno de los más grandes compositores de la historia, es la figura central de la transición entre el Clasicismo del siglo XVIII y el Romanticismo del siglo XIX, ejerció una profunda influencia sobre las futuras generaciones de músicos.

VISIÓN GENERAL DE SU OBRA

Compuso obras en una amplia variedad de géneros musicales y para una amplia gama de combinaciones entre instrumentos musicales. Sus obras para orquesta sinfónica incluyen nueve sinfonías y alrededor de una docena de piezas de música «ocasional». Compuso nueve conciertos para uno o más instrumentos solistas y orquesta, así como cuatro obras cortas que incluyen a solistas acompañados de orquesta. *Fidelio* es la única ópera que escribió y entre las obras vocales con acompañamiento orquestal que escribió se incluyen dos misas y una serie de obras cortas. Compuso un amplio repertorio de obras para piano, sonatas, obras cortas y arreglos de algunas de sus obras para piano solo o dúo de piano. Con el piano como acompañamiento creó sonatas para violín, para violonchelo y una sonata para corno francés, así como numerosos *lieder*.

Beethoven produjo una notable cantidad de música de cámara: cuartetos y quintetos para cuerdas, siete obras para trío de piano, cinco para trío de cuerdas y más de una docena de obras para una variedad de combinaciones de instrumentales.

LOS TRES PERIODOS

La carrera como compositor de Beethoven se divide generalmente en tres periodos: temprano, medio y tardío. El periodo temprano abarca hasta alrededor de 1802, el periodo medio se extiende desde 1803 hasta cerca de 1814 y el periodo tardío va desde 1815 hasta el fallecimiento del compositor.

Su primer período, hasta 1802, enlaza con el clasicismo de Karl Philippe Emmanuel Bach y estuvo fuertemente influido por Haydn y Mozart, cuya proyección irá progresando. Exploró nuevas direcciones y amplió gradualmente el alcance y la ambición de su obra hasta alcanzar nuevas formas expresivas. Algunas obras importantes de este periodo son la *Primera* y *Segunda Sinfonía*, un conjunto de seis cuartetos para cuerda, los primeros dos conciertos para piano y la primera docena de sonatas para piano, incluyendo la famosa *Sonata Patética*.

En el periodo medio (1800-1815) también llamado heroico, muestra ya plena libertad y autonomía compositiva. Es una etapa de sufrimiento después de la crisis personal provocada por su creciente sordera. Destaca por las obras de gran escala que denotan el heroísmo y la lucha. Las obras de este periodo incluyen seis sinfonías (nº 3-8), los últimos tres conciertos para piano, el *Triple concierto* y el *Concierto para violín*, cinco cuartetos para cuerdas, varias sonatas para piano (incluyendo *Claro de luna* y su única ópera, *Fidelio*.)

El tercer periodo o tardío (1815-1827) se caracteriza por su profunda carga intelectual, sus innovaciones formales y su intensidad, muestra una expresión sumamente personal. La *Novena Sinfonía* incorpora la fuerza coral a una orquesta en el último movimiento.

CARACTERÍSTICAS DE SU MÚSICA

- Fue un gran maestro de la variación, dominó con maestría el desarrollo de los temas. En sus composiciones solía usar dos temas contrapuestos rítmica y melódicamente:

- Primer tema A: corto, vivo, rítmico, enérgico y decidido.
- Segundo tema B: cantabile.
- A veces incluso introduce un tercer tema en el desarrollo o en la recapitulación al final.

- En piano creó un nuevo estilo y amplió la técnica interpretativa mediante virtuosismos, vigor, contrastes, matices, etc. Se valió de estos efectos en el empleo amplio de las manos separadas. Utiliza acordes llenos y densos en el registro grave.

- En la orquesta introdujo instrumentos como el contrafagot, los trombones, el flautín, amplió la percusión, incluyó coros y solistas. Concedió gran importancia a los timbales. Independizó el chelo del contrabajo.

- En la dinámica, infundió a la música una mayor emotividad dramática, extendió la gama de altos y bajos. Intensificó los contrastes y los cambios impulsivos dominan su obra. Aprovechó las disonancias agudas para crear contraste armónico.

- El ritmo se convirtió en una de las características más importantes de sus composiciones, gracias al impulso del acento, el poder asimétrico de la sincopa.

- Con Beethoven la música se convirtió en un medio de expresión del mundo interior y de la personalidad del compositor.

- Su método de componer era lento, manifestó siempre un deseo por perfeccionar sus obras, por lo que desarrolló un alto grado de autocrítica.

- A medida que fue enriqueciendo su obra y fue dominando mejor las técnicas de composición, se rebeló contra las normas por considerar que estrechaban su creatividad.

- No fue un creador de formas musicales nuevas, sino que experimentó e innovó con las existentes. Incluyó muchas variantes en la forma sonata tipo, sobretodo en su espíritu y su desarrollo temático, del que tendió a reducir el número de movimientos, que en las sinfonías estabilizó en cuatro.

- Su gran mérito reside en que revolucionó la función social de la música, con él se convirtió en patrimonio de la humanidad, no sólo de aristócratas o de un reducido círculo de entendidos, trasladó los escenarios de los salones al espacio público.

- Su obra inspiró a generaciones enteras, no sólo en el tratamiento de la sinfonía sino también por su estilo dramático y dinámico.

Franz Peter Schubert (1797-1828)

Semejante a Mozart en precocidad y fecundidad, el caso de Schubert, el único contemporáneo de Beethoven digno de medirse con él, es bien diferente. Nacido en Viena, hijo de una familia humilde. Su padre era profesor y gozaban de unos escasos ingresos para vivir, pero era un excelente cantante y a los once años e ingresa en *la escolanía de la Catedral de Viena* como soprano con una beca que le sufragó los estudios. Allí fue alumno de Antonio Salieri, buen violinista y excelente pianista, gracias a la orquesta de la escuela se familiarizó con la obra de Haydn y Beethoven. Para ella escribiría sus primeras sinfonías. Así, en 1811 compuso su primer cuarteto y dos años más tarde su primera sinfonía. En 1813 le cambia la voz, por lo que hubo de abandonar los estudios en la escolanía. A partir de entonces, regresa a la casa paterna en Liechtental para ejercer como asistente de su padre en la escuela, pese a que no le agradaba la idea de dedicarse a la enseñanza, porque lo que deseaba era dedicarse a la música.

En octubre de 1814, tras abandonar el internado, compuso el lied *El rey de los elfos*, inspirado en un un fragmento de *Fausto* de Goethe, su primera obra maestra. Ese mismo año conoce a Therese Grob y estrena la *Misa en La Mayor* con ella de soprano. Tras abandonar sus tareas como docente en la escuela paterna, Schubert intentó con escaso éxito ganarse la vida como compositor. El único campo en el que podía realmente ganar dinero era la ópera. A ella se dedicó insistentemente, abordando la composición de óperas a lo largo de toda su vida, pero ya fuese por la mediocridad de los libretos escogidos o por su propia falta de inspiración dramática, nunca consiguió destacar en ella.

En Viena llevó una vida bohemia, fuera del hogar paterno necesitó de la generosidad de amigos, que lo acogían en sus respectivas casas. Jamás consiguió mantenerse únicamente con sus composiciones, tampoco mantuvo una relación duradera, pero contaba con un círculo íntimo de amigos que le acogió, siendo además un público fiel y sensible a su arte.

Este entorno nos indica a qué tipo de público iba dirigida su música, a una modesta burguesía reunida en sus casas. Rodeado de intelectuales, amante de las tabernas y de los ambientes populares, alejado de los salones nobiliarios. En estos años Schubert contrajo sífilis. Habitualmente pasó estrechez económica. Se volvió inseparable de sus gafas, que conformaron parte indisoluble de su apariencia y acentuaron su fisonomía tímida. A partir de entonces fue cuando desveló su faceta más amarga y melancólica.

Escribió piezas magistrales en las que reflejó sus experiencias personales y siempre con el sello inconfundible de una inagotable inspiración melódica. Compuso más de 600 canciones y una gran cantidad de danzas y de música de entretenimiento, además de sonatas, cuartetos y sinfonías, misas con coro, solistas y orquesta y obras teatrales (se han catalogado 965 obras).

La brevedad de su vida, la incomprensión en que vivía y alguna que otra leyenda sobre su figura pronto lo convirtieron en el primer compositor "romántico". La mayor parte de su producción, sin embargo, no resiste el tópico, aunque eso dependerá de nuestro concepto del Romanticismo. Los estudiosos suelen dividir la obra de Schubert en varios periodos estilísticos: el primero entre 1810 y 1819 es de aprendizaje y afirmación de su personalidad, en el que escribió aproximadamente unas 700 obras; el segundo entre 1820 y 1827, en el que consigue ya una sonoridad absolutamente prodigiosa, compuso unas 250 obras, pero son numerosas las que dejó sin terminar. Tras una crisis en 1828, en que escribió 33 obras, murió con 31 años como un compositor de enorme profundidad que abrió caminos que otros recorrerían.

Así, muchas de las manifestaciones expresivas del Romanticismo se encuentran ya en su obra, pero es lógico que en muchas otras se ciña al estilo clásico anterior, sobre todo en su producción temprana. Schubert acomodó su lirismo a la forma heredada, quizá porque su don melódico tiene la contrapartida de una escasa capacidad para el desarrollo temático. En las canciones, en las obras pianísticas o valses este hecho carece de importancia, pero no en las grandes formas concertantes.

Schubert abordó unas 23 veces la composición de sonatas para piano, en tres o cuatro movimientos, pero dejó la mayoría inacabadas. En ellas se detecta la solución que halló para extender el desarrollo: la juntura o la yuxtaposición de episodios. Con este procedimiento, en las últimas obtuvo una dilatación de las estructuras en un sentido muy moderno, "divinamente largas" como las calificaría Schumann años después.

Sus seis primeras sinfonías propuestas responden a un estilo clásico, con extensas melodías y no plantean problemas formales. Tras varios intentos, debido a una crisis dubitativa ante la gran forma sinfónica, logró dos obras célebres de distinto signo que, tal vez constituyen su obra más conocida. La Sinfonía en si menor, *Inacabada*, de 2 movimientos Allegro y Andante, en tonalidades contrastadas. En la *Sinfonía nº 9* en Do M "La grande" (1825-28) la extensión se obtiene a partir de progresiones y unión de episodios melódicos.

Es en las canciones donde encontramos su verdadero genio romántico, donde se muestra más seguro de sí mismo. Aunque el lied había sido explorado por autores como Mozart o Beethoven, el verdadero inventor del lied romántico es Schubert, por la calidad y por la extensión de sus composiciones. En ellas logra la perfecta unión de los tres elementos esenciales: el poema, el canto y el clima que crea el piano. La mayoría de sus lieder están concebidos en forma ternaria (A-B-A). Inventó también un nuevo tipo de canción declamatoria para la que utilizó los procedimientos teatrales. En su última etapa, incluyó además instrumentos obligados, como el clarinete, junto al piano. De este modo, las posibilidades estructurales de sus lieder fueron muy variadas: estróficos simples, variados o de composición desarrollada con una melodía y un acompañamiento siempre nuevos.

Escribió unos 700 lieder, lo que indica que los compuso a lo largo de toda su vida. La formación de sus lieder pasa por su pasión por las baladas, el estudio de la obra de Mozart y su propia reflexión personal. Al principio buscó sus textos en lo poemas de Schiller y Goethe, para diversificar posteriormente su búsqueda. Tenía una gran intuición al elegir un texto, escogiendo aquellos que no comprometiesen el resultado musical. Así, argumentos aparentemente triviales como *La bella molinera* cobraban significado gracias a la música. Una tensa profundidad marca el ciclo de lieder *La bella molinera* (1823) inspirado en poemas de Wilhelm Müller. En 1824 escribiría *La muerte y la doncella*, a partir de un tema ya tratado en uno de sus cuartetos más conocidos. En cada lied recrea la sensación que le ha causado el poema, el piano evocaba la atmósfera a partir de elementos repetitivos, mientras la voz complementa la idea del discurso. Sus temas preferidos eran el amor, la naturaleza y la muerte, que trataba a partir de la fantasía y el sueño o bien de un modo reflexivo y analítico.

Gioacchino Rossini (1792-1868)

Fue tan espectacular su éxito en la escena internacional que eclipsó a todos los operistas contemporáneos e incluso hizo olvidar a los anteriores entre 1813 y 1829, cuando estrenó su última ópera en París. Fue sin duda el compositor más popular de su tiempo e incluso continuó siéndolo tras su retirada de escena, pese a su prolongado silencio de casi 40 años en los que escribió obras religiosas que él mismo calificó como "pecados de la vejez".

Gioacchino Rossini nació en 1792 en Pésaro, hijo de un trompetista y de una cantante, estudió música con su padre y a los seis años tocaba en la banda municipal. Estudió en el prestigioso liceo musical de Bolonia. Empezó su trayectoria como clavecinista acompañante en teatros, siendo llamado para componer una ópera breve en 1810, *La cambile del matrimonio*. El éxito le animó a seguir componiendo, particularmente para los teatros de Venecia y Milán, afianzándose como el primer compositor de ópera de su tiempo. En esta primera etapa llevó a la perfección musical el género bufo y tuvo la ventaja de contar con grandes cantantes, de modo que al escribir la melodía de los personajes pensaba ya en las posibilidades de sus voces.

En su juventud predominan las farsas, como *Il signor Bruschino*. Las óperas cómicas, a las que él denominaba *drama giocoso* pronto se instalaron en el repertorio. Así, en 1815 fue contratado por Domenico Barbaia para componer para los teatros que administraba en Nápoles. Allí produjo óperas de todos los géneros, al mismo tiempo recorría Italia para presentar sus óperas, por lo que su influencia fue inmensa. En 1816 estrenó en Roma *El barbero de Sevilla*, con argumento de Cesare Sterbini, una de las más famosas obras del repertorio operístico. Basada en la trilogía literaria del francés Beaumarchais, cuya segunda parte *Las bodas de Fígaro* había sido musicalizada por Mozart. Entre su producción cómica destacan también *La Cenerentola, La gazza ladra (*1817) y *La donna del lago* (1819), un drama romántico de Walter Scott que convirtió en mera comedia sentimental.

En la ópera seria, que Rossini subtitulaba como drama, melodrama heroico o acción trágica logró conquistar una mayor profundidad en la caracterización de sus personajes y escenas. Fueron muy apreciadas en su tiempo y hoy son objeto de nueva atención, destacan en su producción *Otello* (1816), *Armida* (1817), *Mosè in Egitto* (1818) o *Maomet II* (1820).

En 1823 presentó su última ópera en Italia, *Semíramis*, para emprender una exitosa gira por Francia e Inglaterra que le produjo extraordinarios reconocimientos. Es una ópera en dos actos con libreto de Gaetano Rossi inspirado en la tragedia de Voltaire *Sémiramis*, basada en el lengendario personaje Semiramis de Babilonia. Se estrenó en el veneciano teatro La Fenice el 3 de febrero de 1823.

En París adaptó al gusto francés las óperas serias italianas, lo que garantizó su aceptación por parte del público francés. Además de la ópera cómica *Le Comte Ory* (1828), en 1829 compuso en París su última ópera, *Guillermo Tell*, en la que se atisba ya lo romántico, que supuso su consagración definitiva y su despedida de la escena teatral.

Las obras de Rossini, conservador en las formas pero innovador por su espíritu creativo, sentaron las bases del Romanticismo desarrollado por los compositores posteriores. Con él la ópera italiana del siglo XVIII llega a su cumbre, con características propias, algunas muy modernas. Así, sus oberturas muestran un gran interés por los recursos dinámicos, suelen comenzar con una introducción lenta, a la que sigue un allegro chispeante para desembocar en una coda aún más rápida, de un ritmo frenético con *crescendi* de gran efecto.

El mismo proceder se observa en muchas de sus arias, que comienzan en lento, melodiosas, enlazan con un episodio de gran vivacidad y virtuosismo y acaban en una *cabaletta*, un final rapidísimo para provocar tempestades de aplausos. Igual efecto consigue en los concertantes, con un contrapunto apenas sugerido pero muy teatral. Su don melódico innato se apoya en una armonía muy elemental, pero un estudio en profundidad de su obra ha revelado en muchos pasajes un sentido irónico que admite lecturas más modernas que las tradicionales.

Sigue siendo un misterio por qué dejó Rossini de componer óperas. Son muchas las teorías que tratan de dar respuesta a este interrogante: desde el hastío hasta la falta de necesidad, dada la riqueza que había acumulado; quizá por problemas de salud o por las circunstancias políticas. Aunque no volvió a componer ópera, no abandonó el mundo musical y se hizo cargo de la dirección de diversos teatros (como el Théâtre Italien o del Liceo de Bolonia) y compuso numerosas obras breves, religiosas y profanas.

SU OBRA

Escribió unas 36 obras teatrales en apenas 20 años y en cuatro géneros distintos. Dominó todos los géneros operísticos, en la mejor tradición de la ópera bufa. El éxito de sus composiciones se basa en la aplicación de tres recursos: eufonía, repetición y simetría, que a nivel compositivo se traducen en:

- La melodía tiene un carácter espontáneo.

- El ritmo es sencillo, pegadizo y vivaz, tiende a la repetición que se subraya mediante el timbre de la orquesta con la adición progresiva de instrumentos, sistema con el que creaba sus célebres *crescendi*.

- Aprovecha el color de los instrumentos solistas, incrementando la participación de la orquesta en el desarrollo dramático.

- Seis elementos destacan en sus obras: el ritmo, la preferencia por el *staccato*, el sabio uso del crescendo, la coloratura especialmente en los papeles de bajos cómicos. A estos ingredientes se suma un recurso para atraer la atención del espectador: una nota que toda la orquesta toca al unísono al principio de una pieza musical, para alertar de que algo importante estaba a punto de suceder.

- Reduce la armonía a una textura sencilla.

- En cuanto a la forma, suprime los recitativos secos y enlaza las piezas mediante recitativos acompañados e intervenciones del coro. Así los episodios quedan bien definidos.

- Muestra gran capacidad en el desarrollo de las arias, en que introduce formas cambiantes.

- El elemento más sobresaliente de sus óperas es la línea del canto, que equilibra el virtuosismo y la expresión.

El grado de dificultad vocal de las óperas rossinianas es tan extremo que, desde mediados del siglo XIX hasta la década de 1970, muchas de sus obras eran prácticamente imposibles de cantar. Su puesta en escena ha sido posible desde entonces gracias la irrupción de grandes cantantes, incluso de tenores especializados en Rossini. Concedió gran importancia que a la voz femenina sobresale en la mezzosoprano, para la que escribió muchos papeles.

Frédéric François Chopin (1810-1849)

Se estableció en París en 1831 y, aunque no volvió a Polonia, su apego a su tierra natal es manifiesto en su producción. Tuvo una educación musical cuidada, estudió en Berlín y Viena. Chopin eligió el oficio de pedagogo como medio de vida por necesidad, ya que la composición le reportaba sumas ínfimas, ofrecía muy pocos conciertos y a menudo a beneficio de alguna obra de caridad. Era consciente de su personal estilo y de la necesidad de proseguir solo en la búsqueda de una técnica y un sonido propios, sin seguir o imitar a nadie en particular.

Su interpretación delicada sorprendió al público parisino, era perfecta para los salones y se convirtió en el pianista preferido por la aristocracia, lo que le reportó una vida acomodada gracias a las carísimas lecciones que impartía.

Los primeros testimonios acerca de su estilo de tocar provienen de su primera gira en Viena, donde se admiró "la extraordinaria delicadeza de su pulsación, una indescriptible perfección técnica, su completa gama de matices, fiel reflejo todo ello del más profundo sentimiento". Por estos comentarios, se sabe que la sonoridad de Chopin al piano era delicada; no impresionaba la fuerza ni el sonido, sino los matices y los contrastes. Su sonoridad se avino muy bien a las veladas de los salones aristocráticos con un breve y selecto auditorio, que él mismo prefirió a los grandes auditorios, en los que interpretaba sus propias obras.

El estilo de sus composiciones busca la evasión, huye de las formas establecidas. Destaca por el lirismo de sus melodías en las que consiguió expresar el ideal del sentimiento estético romántico. Por ello, una de las características particulares de su toque y de sus obras fue el *rubato*, presente sobre todo en las partes con valores irregulares, grupetos y adornos.

Chopin descubrió el verdadero potencial del piano, comprendió la capacidad del *cantabile* del instrumento, creó una nueva manera de tocar dinámica, exploró sus recursos tímbricos mediante la armonía, la extensión, la resonancia y el pedal. A medida que profundizó en ella, se aproximó a una mayor sensibilidad del sonido. Por todo esto, su trascendencia e influencia en la música para piano fue inmensa, hizo posible las investigaciones posteriores de Fauré o Debussy.

Muchos rasgos de su vida son símbolos románticos: su aire de misterio, su inspiración atormentada, su refinamiento, incluso su temprana muerte por tisis son temas románticos típicos. Otro aspecto romántico en Chopin fue su sentimiento lírico, su preferencia por las formas breves con un marcado carácter de ensueño como el nocturno o la balada. Destaca asimismo su marcado nacionalismo musical, manifestado en la adopción y estilización de formas procedentes de la música folclórica de Polonia como la polonesa y la mazurca.

Chopin necesitaba del piano para componer y además compuso casi exclusivamente para piano solo, aunque escribió algunas obras concertantes con un acompañamiento orquestal débil, unas pocas obras de cámara y algunas canciones polacas. Jugó un rol muy importante en el desarrollo de la armonía en el s. XIX ya que poseía un genio extraordinario e innovador que se revela en su riqueza, su ritmo armónico, sus modulaciones y sus sutiles cromatismos. Su estilo se basó en una asimilación prodigiosa de ritmos de la música de salón o de su país natal y en la adaptación al piano de melodías italianizantes popularizadas por la ópera. Excelente armonista, su estilo refinado y elegante reinó en los salones de la alta burguesía parisiense. Gracias a sus editores, se propagó en toda Europa ese modo particular que tuvo de tratar el piano.

En su producción pianística se distinguen varias categorías. En géneros clásicos, como el concierto o la sonata, la crítica destaca el excesivo lirismo de su melodía, que considera inadecuado para el carácter de estas formas.

En cambio fue en las pequeñas formas de estructura libre donde mostró su verdadero genio. Sus estudios se consideran los mejores que se hayan escrito nunca para piano, con una escritura plagada de difíciles figuraciones. Los preludios forman un plan tonal conjunto, fueron concebidos para introducir en ellos otra pieza aislada, no para interpretarlos en ciclo, por lo que están escritos en distintas tonalidades. Son expresivos e intimistas. Las baladas trataban de evocar un folklore idealizado en un estilo narrativo poético. En ellas predominan los compases binarios compuestos y las melodías sencillas.

Romanticismo pleno (1830-1870)

Franz Liszt (1811-1886)

Ha sido considerado el pianista más genial de todos los tiempos. De origen húngaro, debutó en París a los 12 años y se hizo famoso en toda Europa por su gran habilidad como intérprete, convirtiéndose en el virtuoso más popular. Sus contemporáneos afirmaban que era el pianista técnicamente más avanzado de su época y quizás el más grande de todos los tiempos. También fue un importante e influyente compositor, un profesor de piano notable, un director de orquesta que contribuyó significativamente al desarrollo moderno del arte y un benefactor de otros compositores, artistas e intérpretes.

Se relacionó con intelectuales y artistas románticos como Balzac, Víctor Hugo, Delacroix o Chopin y desarrollo un gran interés por las conversaciones y la lectura visionarias, que se reflejan en los títulos de sus obras que tienen referencias a paisajes, poemas (*Álbum del viajero, Álbum del peregrino*), son títulos p99rogramáticos que reflejan el carácter de la obra.

Como compositor, fue uno de los más destacados representantes de la «Nueva Escuela Alemana». Hasta en cinco periodos dividen su obra los estudiosos. Tras su etapa de formación en Viena con Czerny y luego en París, desde 1848 vivó en Weimar y en Roma desde 1861. Las dos primeras etapas las constituyen las obras escritas en París (1826-1839) en las que intentó un nuevo pianismo basado en experiencias literarias, artísticas o paisajísticas, con un enfoque virtuoso a imitación del virtuosismo violinístico de Paganini. Compuso así títulos como *Estudios trascendentales* o *Años de peregrinaje*. Esta última constituye una de sus obras más paradigmáticas. Es un ciclo de tres suites de talante diverso, desde el virtuosismo a la delicadeza.

Entre 1839 y 1847 desarrolló una extraordinaria carrera internacional como divo pianista en la que incluyó en su repertorio transcripciones al piano de obras orquestales de otros autores, que le permitieron rivalizar con la orquesta, reemplazándola por un nuevo tipo de concierto: el recital para piano. Aspecto inédito que fue decisivo en la definición de la figura del virtuoso. En este sentido, la musicología tiende a clasificar sus obras para piano en dos tipologías: las composiciones originales y las transcripciones, que son en realidad paráfrasis o entelequias figuradas a partir de obras de otros autores. Las consideradas como versiones e interpretaciones de otras composiciones las compuso, por ejemplo, a partir de canciones de Schubert, sobre melodías operísticas y de sinfonías de Beethoven. Asimismo realizó arreglos para piano sobre obras instrumentales y vocales propias.

Abandonó su carrera como virtuoso del piano en 1848, preocupado por el futuro de la música instrumental, sentimiento común en la época ya que el ansia de originalidad había llevado a muchos compositores a abandonar las formas tradicionales sin haber creado otras nuevas. La vía de la renovación la encontró en el uso de un programa con la creación del poema sinfónico, una obra orquestal en un solo movimiento de estructura libre, cuyo desarrollo viene dado por un elemento literario que le sirve de base argumental. Este elemento literario podía ser de diversa naturaleza: un guion más o menos elaborado, una poesía, un fragmento, una leyenda incluso un paisaje, una idea o un símbolo.

La intención de Liszt en estas obras era conjugar a un tiempo la compleja interacción de los temas que se produce en el primer movimiento de la sinfonía tradicional con la capacidad de la música programática, para despertar la imaginación del oyente. Para recrear y suscitar estas escenas, imágenes o estados de ánimo combinó elementos propios de la obertura de la ópera y de la sinfonía. Por ello la composición de sus poemas sinfónicos era ardua, hasta llegar a obtener la fórmula deseada sometía cada pieza a continuas revisiones, por lo que la génesis del poema sinfónico fue en realidad a un proceso de experimentación continua hasta desembocar en ese soberbio equilibrio de la forma musical. Liszt compuso poemas muy variados en formas y extensión. Su poema más célebre es *Los Preludios* (1856), basado en un poema de Lamartine.

En Weimar se convirtió en la figura central de la vanguardia, ejerció gran influencia sobre la llamada Nueva Escuela Alemana, una corriente liberal de fuertes connotaciones nacionalistas que propugnaba un drama nacional original y una música en que la forma fuera el resultado de la idea poética. En 1861, instalado en Roma, atraviesa una profunda crisis de espiritualidad. En esa época se interesa por la renovación de la música coral, a favor de una renovación de la música religiosa. Compuso en esta línea la austera *Misa Choralis* (1865) y la brillante *Misa húngara* (1867), además de dos grandes oratorios *Santa Isabel* (1862) y *Christus* (1867).

Los años finales de su vida, desde 1870, ya convertido en maestro reconocido y respetado, constituyen un verdadero enigma sólo revelado mucho después. Su arte se vuelve ensimismado, explora nuevos efectos armónicos que prefiguran el Impresionismo, con escalas de tonos enteros y amagos de disolución de la tonalidad que lo convierten en un auténtico visionario de la modernidad.

En conclusión, cabe destacar que escribió una variada cantidad de obras para piano (rapsodias, estudios, transcripciones, etc.), en estilo concertante para piano y orquesta y también una extensa producción orquestal. Influyó a sus contemporáneos y sucesores y anticipó algunas ideas y tendencias del s. XX. Algunas de sus contribuciones más notables fueron la invención del poema sinfónico, desarrollando el concepto de transformación temática como parte de sus experimentos en la forma musical, y hacer desviaciones radicales en la armonía. Compuso además magníficas obras de enorme unidad estructural y poder dramático.

Felix Mendelssohn Bartholdy (1809-1847)

De familia acomodada, es aparentemente la imagen del Romanticismo feliz, dos términos en principio contradictorios. En su infancia fue un niño prodigio, admirado por Goethe, ya a una temprana edad tocaba el piano con maestría y componía piezas musicales, fue un compositor prolífico. Aparte de la música, su educación incluyó arte, literatura, idiomas y filosofía. Empleaba como base de su enseñanza musical *El clave bien temperado* de Bach que jugó un papel significativo en la formación de sus gustos musicales conservadores. Músico de extraordinaria inventiva, hoy suele ser considerado un clásico retardado o al menos el más clásico de los primeros románticos.

En su adolescencia compuso obras que muestran ya su perfecta comprensión de la forma, la armonía, el contrapunto, el timbre y la técnica compositiva de Beethoven, como *Sonata para clarinete y piano en Mi bemol Mayor* (1824), el *Octeto para cuerdas* (1825), la obertura de *Sueño de una noche de verano* (1826) y el *Cuarteto para cuerdas en la menor* de 1827.

Sueño de una noche de verano es una música incidental compuesta sobre la base de la obra de William Shakespeare, cuya composición retomó en diferentes momentos de su vida. Así, a los 17 años escribió la obertura en 1826, después de leer la traducción al alemán de la obra de Shakespeare. En 1842, 16 años después de haber escrito la obertura, compuso la música incidental para *El sueño de una noche de verano* por encargo del rey Federico Guillermo IV de Prusia. La obertura se incorporó como la primera de sus 14 secciones, en las que se incluyen partes vocales e instrumentales, como la célebre *Marcha nupcial*.

Mendelssohn se interesó por el pasado musical, sus obras muestran su estudio del Barroco y los comienzos del Clasicismo. Trabajó intensamente en la recuperación del legado de Bach, por ello sobre todo sus fugas y obras corales reflejan una claridad tonal y un uso del contrapunto, que remite al estilo del maestro barroco, por cuya música estaba fuertemente influido. Fue el primero en dirigir en público la *Pasión según San Mateo* desde la muerte de Bach en 1750 en la que él mismo realizó los arreglos y dirigió la orquesta. El éxito de esta representación fue un elemento importante en el redescubrimiento de Bach.

En abril de 1829, emprendió una serie de viajes para dar a conocer su talento en otras tierras. Visitó Inglaterra, Escocia inspiró dos de sus obras más conocidas, *Las Hébridas* de 1830, un poema sinfónico inspirado en la impresión que le causó su visita a la gruta de la isla hébrida de Staffa. Incluso garabateó sobre el terreno el tema de apertura y lo transcribió en la carta que escribió a su hogar esa misma tarde. Sobre Escocia compuso también su *Tercera Sinfonía*, denominada *Escocesa* sin emplear ninguna melodía identificable de la música tradicional.

En la primavera de 1832 dirigió el Lower Rhine Music Festival, inaugurándolo con el oratorio de Georg Friedrich Haendel *Israel en Egipto*, basado en la partitura original que había encontrado en Londres. Este hecho puede ser considerado como el principio de un renacimiento y redescubrimiento de Haendel. El nombramiento fue sumamente importante para él porque deseaba tener un papel importante en la vida musical de su país.

De nuevo sus viajes inspiraron su *Cuarta Sinfonía* tras su estancia en Italia conocida por ello como *Italiana,* que dirigió en su estreno en 1833 aunque no permitió la publicación de la partitura durante su vida, porque pretendía reescribirla y perfeccionarla continuamente. Es una obra modélica en la claridad de su estructura y en el ritmo. Destaca la gracia melódica y la sabiduría en el uso del color.

Hizo su primera aparición como director de ópera en la producción de *Don Giovanni* de Mozart a finales de 1833, cuando recibió una invitación para dirigir en Leipzig. En 1843, fundó el Conservatorio de Leipzig y persuadió a músicos como Robert Schumann o a intérpretes de cuerdas Ferdinand David y Joseph Joachim para que se unieran a él. En 1844, alternó su tiempo entre Leipzig y Berlín. Compuso gran cantidad de obras, como el famoso *Concierto para violín*, dirigió e interpretó conciertos en Alemania e Inglaterra, muchos de ellos de carácter caritativo.

Para piano, además de la colección de *48 Canciones sin palabras*, algunas de ellas verdaderas joyas del nuevos pianismo, compuso innumerables obras, una interesante colección de *Preludios y Fugas, Fantasías y Variaciones*. También escribió conciertos para piano, violín y un concierto doble para piano y violín que fue considerado el más bello y perfecto en su tiempo. Escribió varias obras para solista y orquesta en un movimiento, además de numerosas obras de música de cámara, muchas de las cuales demuestran una intensidad emocional.

Robert Schumann (1810-1856)

Con Robert Schumann culmina el primer Romanticismo alemán. De niño ya puso de manifiesto sus dotes musicales, a los 7 años Schumann compuso sus primeras piezas musicales y redactaba ensayos y poemas. Desde su adolescencia había compaginado diversas actividades y estudios con la composición y había escrito ya obras ambiciosas, sobre todo para piano, pero también sinfónicas y de cámara. Deseaba convertirse en un virtuoso, por lo que se esforzó al máximo para perfeccionar su técnica de teclado, hasta que una grave lesión en su mano derecha le obligó a abandonar este camino.

Desde ese momento se entregó con pasión a la composición y, en 1831, escribe una crítica musical que le dio la oportunidad de unir sus talentos musical y literario. Iniciaba así en paralelo una nueva actividad como crítico musical en la *Nueva Revista de Música*, revista de Leipzig que dirigió entre 1834 y 1844. En sus artículos reconoció ya el valor de algunos de sus contemporáneos como Chopin y profetizó el de nuevos autores como Brahms. Así, se inició como ideólogo musical mostrándose contrario a los gustos tradicionales de la sociedad alemana.

Fundó un periódico y fue profesor del conservatorio de Leipzig. Hasta 1840 sus primeras 23 publicaciones fueron pianísticas. En 1840 se casa con Clara Wieck, una pianista excepcional que ejerció una gran influencia musical sobre él. Como compositora, le animó a no limitar su creación al piano recomendándole que se dedicara a la composición orquestal.

A partir de entonces comenzó a escribir en género sinfónico, con el piano siempre presente como elemento substancial en obras como su *Concierto para piano y orquesta* de 1845, en sus lieder y en su música de cámara. En sus sinfonías supo desarrollar las ideas musicales, a partir del tratamiento cíclico de los temas con el que trataba de unificar los distintos movimientos. En la *Sinfonía nº 3 Renana* (1850) incluyó elementos programáticos con pasajes virtuosísticos en torno al recorrido del Rin y la principal ciudad que atraviesa, Colonia, con su catedral.

Tal vez lo más característico de su música es el corpus excepcional de breves piezas para piano de un solo movimiento en títulos como *Papillons* en que evoca escenas costumbristas, bailes de máscaras, retratos de tipos, etc.

Las crisis, depresiones, periodos de reclusión completa etc. fueron frecuentes en la vida de Schumann. Inicialmente, este declive psíquico fue relacionado con la sífilis por los historiadores del s. XIX, pero la teoría más aceptada en la actualidad es que padecía de trastorno bipolar (enfermedad maníaco-depresiva). Pero la gran intensidad creativa de Schumann se concentraba en sus periodos de lucidez, de forma admirable. Tan pronto como se restablecía de un período de enfermedad, se entregaba frenéticamente a la composición, trabajando de modo incansable. Su obra buscó siempre la originalidad, su melodía es cantabile y muy lírica y halla su fuerza motriz en los desplazamientos rítmicos y los cruzamientos. Su interés por la forma le llevó al desarrollo de las existentes y a la creación de nuevas, gracias a su habilidad con la variación.

La ópera italiana en el Romanticismo pleno

El Romanticismo era una corriente típicamente alemana, teñida de nostalgia, que reivindicaba su patriotismo. Este sentimiento no era necesario en países como Italia o España y por tanto no se manifestó con el mismo ímpetu. En los países meridionales el Romanticismo vendría dado por el gusto a los temas pasionales, por la reivindicación de la libertad y la identidad de los pueblos. En Italia el escenario político se hallaba en tensión por su lucha por la independencia y su unificación. Por ello, a grandes rasgos, la ópera italiana se caracterizó por:

- Temas literarios o tomados de la realidad;

- Desarrollo de formas dramáticas independientes, como el aria en dos partes;

- Tendencia a una mayor unidad del drama;

- Sustitución del recitativo *secco* por la *scena*, un recitativo acompañado con interjecciones corales, diálogos, etc.;

- La orquesta toma parte activa y el cantante se expresa en un *arioso*;

- Introduce mayor variedad formal y aumenta la tensión dramática, ya que crea situaciones más complejas;

- Melodías simples y ritmos claros;

- Autonomía de la música, que cobra mayor protagonismo como vía para la expresión de los sentimientos y el desarrollo de la acción.

En la primera mitad de siglo, cuando Rossini componía sus últimas obras, saltaron a escena nuevos compositores que siguieron su estela con indudable personalidad.

Vincenzo Salvatore Carmelo Francesco Bellini (1801-1835)

Nació en Catania, Sicilia, en 1801. Hijo de un organista, recibió las primeras lecciones de música de su padre y de su abuelo. Bellini fue un niño prodigio y con una beca estudió armonía, contrapunto y composición con profesores célebres. Compuso música sacra de cámara, sinfónica y un concierto para oboe, pero fue la ópera el género musical que le dio fama. Obtuvo su primer éxito muy joven en 1826 con el estreno de *Bianca e Fernando* en el Teatro San Carlo de Nápoles, que le abrió las puertas de los grandes teatros europeos. *Il Pirata* (1827) marca el comienzo de su colaboración con Felipe Romani, autor de casi todos sus libretos. En ella pone de manifiesto su interés por los pasajes declamatorios, que pronto cedería ante la invención melódica que fue su característica principal. Compuso para virtuosos del *bel canto*, con obras que exigían una gran precisión y agilidad vocal. El canto refleja su conocimiento de las posibilidades fisiológicas de la voz y exige una gran calidad técnica.

Compuso nueve óperas, en las que supo utilizar la voz de una manera espléndida y elegir con acierto los temas, fundamentalmente historias de amor esperanzador y muertes violentas, extraídos de episodios históricos o de dramas literarios. Intentó minimizar las diferencias clásicas entre arias y recitativos, manteniendo la tensión dramática. El carácter lírico y dulce de los temas musicales responden a la tensión que trata de crear.

La sonnambula y *Norma*, ambas de 1831, muestran la plenitud de su arte, apoyado en el virtuosismo vocal de sus protagonistas femeninas, bien caracterizadas psicológicamente. *Norma* sintetiza estos rasgos, por su riqueza melódica y por el tema extraído de la mitología alemana, con la idea de la unión de los amantes tras la muerte

Gaetano Donizetti (1797-1848)

Donizetti nació en Bérgamo en 1797, en el seno de una familia muy pobre, sin tradición musical. Fue niño cantor y gracias a una beca recibió formación en fuga y contrapunto. Aunque su repertorio abarca gran número de géneros (música religiosa, cuartetos de cuerda, obras orquestales) es conocido por su producción lírica. Compuso óperas cómicas y serias, donde mostró una tendencia a temas en los que predominaba la acción y las pasiones.

Tras algunas obras menores, escribió *Zoraida di Granata*, que impresionó al productor y administrador de teatros Domenico Barbaia, que le ofreció un contrato para componer en Nápoles. Escribió también en Roma y Milán, con éxitos populares, aunque la crítica no le fue siempre tan favorable. El éxito en el ámbito internacional llegó cuando su *Anna Bolena* (1830), un drama histórico, fue premiada en Milán. Su obra muestra una gran energía en el tratamiento vocal, tanto en las arias de lucimiento como en las escenas de conjunto. El estreno de *L'elisir d'amore* (1832), considerada una de las obras maestras del género cómico, lo consagró en los escenarios europeos. Obligado a ser prolífico, a medida que fue creciendo su popularidad aumentaron sus compromisos, tal vez por ello sólo algunas de sus 75 óperas lograron cierta maestría. En obras históricas prefirió inspirarse ambientes medievales o renacentistas. Merecen citarse Lucrezia Borgia (1833) y, sobre todo, su obra maestra *Lucia di Lammermoor* (1835), basada en la novela de Walter Scott, su ópera más famosa y una de las más altas enseñas de la tradición del *bel canto*. En 1843 se mudó a París, donde compuso la cómica *Don Pasquale*, una divertida puesta al día de un viejo tema teatral que lo consagró en el género bufo.

Giuseppe Verdi (1813-1901)

Giuseppe Fortunino Francesco Verdi nació en 1813 en Le Roncole, en el ducado de Parma. Allí recibió sus primeras lecciones de música y también desempeñó su primer trabajo como organista de la iglesia de su pueblo. Desde el estreno de *Oberto, Conde de San Bonifacio* en 1839 hasta 1853 con *La Traviata* compuso 20 óperas en años de trabajo que él mismo denominó "años de galera", en los que cosechó fracasos clamorosos y éxitos discretos.

Algunos de sus primeros éxitos tratan problemas de pueblos oprimidos que luchan por la libertad, lo que enlazaba sus temas con el *Risorgimento*, con la situación política que vivía Italia contra la dominación extranjera y a favor de la unificación. De ahí que algunas de las escenas colectivas fueran convertidas en auténticos himnos patrióticos y revolucionarios, como el coro de los esclavos *Va pensiero* de *Nabucco,* que fue considerado el himno de la reivindicación nacional. Al margen de estas circunstancias, el estilo del primer Verdi se basaba en una buena observación de los recursos de Bellini y Donizetti, a los que unió su instinto dramático y una atractiva mezcla de descaro y fatalidad para conmover al público. A ello contribuyó también su refinamiento en la descripción de personajes y situaciones.

Gracias a ello triunfó en Milán, lo que le permitió apostar por un estilo más personal y presionar a libretistas y empresarios para que arriesgasen en la experimentación de nuevas propuestas. En este sentido destaca el modo en que estrenó la ópera *Macbeth*, con arduos y despóticos ensayos para lograr que el texto fuera más hablado que cantado, con el que Verdi consiguió su objetivo y fue un éxito.

Tras un período de dificultades creó sus óperas más populares, en 1851 *Rigoletto* y en 1853 *Il Trovatore* y *La Traviata*, basada en la célebre novela de Dumas hijo *La dama de las camelias*. En ella introdujo una novedad importante, ya que por primera vez en una ópera seria asunto, personajes, ambientes y vestuario correspondían a la misma época de los espectadores que asistían a la representación. En ellas hay reminiscencias de su primera época, pero también mayor hondura psicológica y un mejor aprovechamiento de los recursos orquestales.

Partiendo de estas bases, alcanzó su madurez compositiva en las obras que siguieron a este periodo: *Don Carlos* (1867, compuesta para la Grand Ópera de París); *Aida* (1871, compuesta para la Ópera del Cairo); *Otello* (1887) *y Falstaff* (1893) ambas basadas en Shakespeare con libreto de Arrigo Boito.

Características de sus óperas:

• Sintetizó las diversas tendencias de la ópera italiana.

• Dotada de un excepcional talento dramático, su obra tiende a la búsqueda de la verdad que prescinde del virtuosismo en pro de la belleza pura.

• Utiliza la voz para caracterizar la tensión, la personalidad de los personajes.

• La orquesta interviene para subrayar el contenido del texto, recreando situaciones anímicas y ambientales.

• Los temas musicales identifican a los personajes y a las acciones y recuerdan al público sucesos acontecidos con anterioridad.

• Los argumentos preferidos son el amor que lleva a la muerte, los celos, la mujer frágil y divina, la libertad y los dramas literarios.

• A medida que avanza hacia la madurez, profundiza en el estudio psicológico de sus personajes, sobretodo indaga en la interpretación musical del alma femenina.

Entre sus composiciones no operísticas destacan obras litúrgicas, como la misa de *Réquiem* (1874) y el *Te Deum*. También compuso el *Himno de las naciones* que incluyó melodías de los himnos italiano, francés, inglés y norteamericano, sobre texto del poeta Arrigo Boito (1862) y un cuarteto para cuerdas en mi menor (1873).

Richard Wagner (1813-1883)

Nació en Leipzig en 1813, estudió en la Universidad de Leipzig al tiempo que crecían sus aficiones por el arte, la filosofía y la literatura. Sólo a los 15 años al oír la *Novena Sinfonía* de Beethoven despertaron sus deseos de plasmar el lenguaje musical en el drama. Así, se decidió a estudiar contrapunto y composición, pero sus extravagancias y su resistencia a las reglas en sus primeras obras sorprendieron a sus maestros.

En 1834 inició su vida itinerante en la dirección de varios teatros alemanes. En su viaje a París en 1839 conoció la ópera de Meyerbeer, pero los fracasos de sus estrenos en la capital francesa lo llevaron a atravesar un período de penurias económicas, con lo que pasó momentos de amargura que acentuaron su espíritu revolucionario, enaltecido por la convicción de su alta misión artística que exigía a la sociedad contemporánea que lo reconociera y reverenciara.

En 1842 estrenó *Rienzi*, una ópera trágica sobre un asunto romano-medieval que le dio fama y le procuró un contrato en Dresde, allí estrenó *El Holandés errante* (1843) y *Tannhäuser* (1845), en la que ya se atisba su interés por los grandes mitos medievales germánicos como fuente del drama musical. En su estructura son notorios sus esfuerzos por lograr una narración continua, pero aún son evidentes las dudas con los procedimientos tradicionales. Tras tomar parte de la revolución de 1848, se exilió en Weimar, donde estrenó en 1850 *Lohengrin*, inspirada en la defensa de los injustamente perseguidos con los que se identificaba, para resaltar su lucha contra la incomprensión de la sociedad. En ella comenzó a esbozar sus criterios sobre la ópera, rompiendo ya con la tradicional división en arias y recitativos, insertó el *leitmotiv* y dio mayor protagonismo al coro y a la orquesta como dirigentes de la acción.

En Zurich, influido por las ideas de Schopenhauer, compuso *Tristán e Isolda* (1859) en la que definió con claridad la noción de melodía infinita, compuesta a partir de microelementos que se enlazan en una progresión continua, y apenas sin distinción entre arias y recitativos. Un año más tarde se trasladó a Venecia e inició una gira por diferentes ciudades para dar a conocer sus propias obras, marcada por pequeños éxitos y grandes incomprensiones. La amnistía le permitió regresar a Alemania en 1862, bajo la protección de Luís II de Baviera pudo dedicarse a la composición. En 1867 *Los maestros cantores de Nuremberg*, cuya historia está inspirada en la corporación de los meistersinger, poetas y músicos de las ciudades alemanas de la baja Edad Media, en su mayor parte aficionados y maestros artesanos en otras profesiones.

En 1876 se estrena el Teatro de Bayreuth construido según los ideales del drama wagneriano para interpretar allí sus obras. En Bayreuth estrenaría su obra más ambiciosa y una de las más impresionantes de la historia de la música, por su magnitud, su coraje y su técnica, la tetralogía de *El anillo del nibelungo*. Está basada en leyendas nórdicas fusionadas en un libreto propio, con el que intentó resucitar el drama griego en el que se asociaban todas las artes. En 1854 concluyó la introducción, *El oropel Rhin*, dos años después la primera parte titulada *La walkyria*, mientras que la segunda, *Sigfrido*, la presentaría en 1871 y en 1874 la cuarta, *El ocaso de los Dioses*. Tras el esfuerzo de la tetralogía abordó *Parsifal* (1882), su última ópera, otra de sus obras cumbres sobre las leyendas épicas de la vida de este caballero de la corte del rey Arturo y su búsqueda del Santo Grial.

RASGOS DEL DRAMA WAGNERIANO

Aunque estas obras se estudian dentro del capítulo operístico, la intención del autor no fue componer óperas sino dramas musicales, fuertemente condicionados por su concepción de la obra de arte total. Afortunadamente para la música, el grandísimo músico que fue Wagner se traicionó a sí mismo con frecuencia, ya que no aplicó de forma rígida sus propias ideas.

Lo esencial de su pensamiento fue aspirar a sintetizar todas las artes en un todo indisoluble partiendo de la tragedia griega. Todos los elementos del drama (arias y recitativos, cuya distinción casi desaparece) se fusionan y equilibran para concurrir en la acción.

El objetivo del drama musical es expresar los sentimientos imperiosos del hombre. Los asuntos deben ser tomados de mitos y leyendas germánicas, su modelo literario era Shakespeare y los trágicos griegos.

Partiendo de las ideas de Schopenhauer y de otros filósofos alemanes en su obra es una constante la idea de renuncia y la redención por el amor humano o divino. A cada drama le precede una obertura o un preludio sinfónico de gran poder dramático que prepara y presenta la acción posterior con la que enlaza sin interrupción. El empleo de la melodía infinita es uno de sus rasgos más característicos, las escenas se encadenan entre sí, la melodía es el eslabón que une el canto y la orquesta. Minimiza los conjuntos corales al considerar que desvirtuaban la verdad dramática, porque los personajes se expresan todos al mismo tiempo, al igual que los coros se reducen a intervenciones en las que se expresa la colectividad. Dado que los gestos pueden expresar actitudes la danza (no el ballet) toma importancia.

Para dar a la obra una trabazón interna, cada idea, cada personaje están conectados a un tema simbólico que los representa musicalmente La orquesta comenta los sentimientos y actitudes de los personajes oculta en el foso. Aumenta el número de sus componentes, especialmente de los instrumentos de viento. Es recurrente el uso de registros agudos y extremos, del trémolo, del pizzicato.

En conclusión, estamos ante un sinfonista que se apoyó en la palabra y en la acción para expresar sus ideas. De hecho, grandes pasajes de sus obras son exclusivamente orquestales, organizando así el continuum a base de grandes sonoridades mientras que la acción se desarrolla a partir de microelementos, como el leitmotiv, y se colorea con un complejo sistema armónico. Las estructuras, en cambio, se construyen mediante pequeñas formas heredadas (AAB, ABA) que enlazan unas con otras. De este modo, Wagner fue muy moderno si se analiza la microestructura de sus obras, pero más tradicional de lo que parece si se analiza el resultado de global de sus grandes estructuras.

Transformó el pensamiento musical a través de la idea de la «obra de arte total», la síntesis de todas las artes poéticas, visuales, musicales y escénicas, que publicó en una serie de ensayos entre 1849 y 1852, y que quedó plasmada en la primera mitad de su monumental tetralogía *El anillo del nibelungo*.

Sus ideas musicales dominaron el panorama europeo a partir del último tercio del siglo XIX, transformó la concepción operística y la orquestal, la armónica con su cromatismo. A parte de sus óperas, Wagner compuso un número de piezas musicales relativamente reducido: una sinfonía, la *Obertura Fausto* y algunas oberturas, piezas corales y para piano. Las oberturas y pasajes orquestales de sus óperas de los periodos medio y último son interpretados habitualmente como piezas de concierto. Para la mayoría de ellas, Wagner escribió pasajes cortos para concluir la parte para que ésta no terminara de forma tan abrupta. Otro pasaje familiar es la «Marcha nupcial» de *Lohengrin*.

El nuevo sinfonismo

Johannes Brahms (1833-1897)

Está considerado el mejor representante del renacimiento de la música absoluta que tuvo lugar hacia 1860 como reacción al modernismo de Berlioz, Liszt o Wagner. A Brahms se le considera el más clásico de los compositores románticos, su música parte de unas fuentes clásicas muy claras: el clasicismo vienés de Haydn, Mozart y, sobre todo, Beethoven. Era hijo de un contrabajista de quien recibió sus primeras lecciones de música. Su familia era pobre, y su infancia transcurrió en los suburbios de Hamburgo. Comenzó a estudiar piano a la edad de siete años y pronto se reveló como un pianista aventajado, por lo que, siendo aún adolescente contribuyó en los ingresos familiares con el dinero que ganaba impartiendo clases, tocando el piano en cafés, bares e incluso burdeles. En su música es muy acusada la influencia de los primeros compositores románticos, como Franz Schubert, Robert Schumann o Felix Mendelsohn. Por ello, se mantuvo fiel durante toda su vida al estilo del clasicismo romántico, sin aceptar ninguna de las novedades.

Además, si bien en su primera época predominan los aspectos expresivos más acusados del romanticismo, a medida que se acerca a la madurez su música se vuelve más introspectiva y más encerrada en un clasicismo muy contenido. Por este motivo, fue considerado como un compositor académico y conservador, aunque este juicio da una imagen falsa de su música. Las principales novedades de Brahms se desarrollan en el propio lenguaje musical.

En lo que se refiere a la armonía, y a diferencia de lo que sucede en Wagner, la originalidad de Brahms tiende a pasar desapercibida por la apariencia clásico-romántica de sus composiciones. En el caso del ritmo, son muy característicos de la música de Brahms las síncopas, los desplazamientos y la superposición de ritmos binarios y ternarios. Además, en el aspecto formal Brahms incorporó lo que se ha denominado como variación progresiva, que consiste en una forma en continuo desarrollo orgánico, que aparece superpuesta a la estructura clásica tradicional, sin entrar en conflicto con ella pero complementándola. Todos estos aspectos hicieron que la música de Brahms influyera decisivamente en compositores del siglo XX, especialmente en Arnold Schönberg, que hizo una importante reivindicación de los aspectos más progresistas y renovadores de la música de Brahms.

En suma, representa el regreso al modelo de compositor no influido por referencias literarias, con un gran respeto a la música clásica. Combina elementos de los siglos XVIII y XIX haciendo una síntesis entre la sonata clásica, el contrapunto barroco, la noción de desarrollo de una idea musical con un lenguaje romántico. Sus melodías son amplias, la orquestación oscura y el ritmo el motor un de sus obras.

La influencia de Beethoven fue muy importante, incluso en un principio parecía intimidado por su ejemplo. Así, las cuatro sinfonías de Brahms constituyen una de las culminaciones del género sinfónico del siglo XIX. Sus obras exploran territorios nuevos en un estilo plagado de referencias a la música antigua. Particularmente, el final de la cuarta sinfonía muestra una síntesis muy original entre el clasicismo romántico y las formas barrocas.

La sinfonía postromántica

Como posromanticismo se entiende un movimiento de caracteres aún románticos de finales del s. XIX y principios del XX, vinculado al área alemana. Se caracteriza por la exuberancia orquestal y por la nostalgia que refleja la melancolía de la sociedad coetánea por la pérdida de una cultura cuyo fin se sentía próximo e irremediable.

Desde el punto de vista técnico se caracteriza por un intenso cromatismo que acabará conduciendo hacia 1910 a la atonalidad.

Gustav Mahler (1860-1911)

En las primeras décadas del siglo XX, Gustav Mahler era considerado uno de los más importantes directores de orquesta y de ópera de su momento. Después de graduarse en el Conservatorio de Viena en 1878, fue sucesivamente director de varias orquestas, cada vez más importantes, en diversos teatros europeos, hasta que en 1897 asumió la dirección de la Ópera de la Corte de Viena (Hofoper), que entonces se consideraba el teatro más prestigioso. Durante sus diez años en la capital austriaca, Mahler —judío converso al catolicismo para asegurarse su puesto— sufrió la oposición y hostilidad de la prensa antisemita. Sin embargo, gracias a sus innovadoras producciones y a la insistencia en los más altos niveles de representación se granjeó el reconocimiento como uno de los más grandes directores de ópera, particularmente de las óperas de Richard Wagner y Wolfgang Amadeus Mozart. Posteriormente, fue director de la Metropolitan Opera House y de la Orquesta Filarmónica de Nueva York.

Como compositor, centró sus esfuerzos en la forma sinfónica y en el lied. La Segunda, Tercera, Cuarta y Octava sinfonías y *Das Lied von der Erde* (*La canción de la Tierra*) conjugaron en sus partituras ambos géneros. Él mismo afirmaba que para él componer una sinfonía era «construir un mundo con todos los medios posibles», por lo que sus trabajos sinfónicos se caracterizan por una amplísima heterogeneidad.

Introdujo elementos de distinta procedencia, como melodías populares, marchas fanfarrias. Si bien en el marco formal absorbió la tradición clásica vienesa, sus obras sinfónicas adquirieron proporciones desmesuradas. La apariencia del desorden que resultaba y el esfuerzo extra que requería reconocer alguna formalidad "clásica" en su estructura generó la incomprensión de su música, lo cual le atrajo una hostilidad casi general pese al apoyo de una minoría entusiasta, entre la que se contaban los miembros de la Segunda Escuela de Viena, que lo consideraban su más directo precursor.

En su obra, cabe señalar sus nueve sinfonías acabadas (con bosquejos de la décima) y varios ciclos de canciones o lieder. Sus principales ciclos de canciones son: *Canciones de un compañero de viaje* y *El cuerno mágico de la juventud*, basado en una recopilación de cantos populares alemanes y las canciones basadas en poesías alemanas.

La revalorización de Mahler fue lenta y se vio retrasada a causa de su gran originalidad y del auge del nazismo en Alemania y Austria, pues su condición de judío catalogó a su obra como "degenerada" y "moderna". Lo mismo sucedió con otros compositores caídos en desgracia en el Tercer Reich. Sólo al final de la Segunda Guerra Mundial y por la decidida labor de directores como Bruno Walter o Leonard Bernstein, su música empezó a interpretarse con más frecuencia en el repertorio de las grandes orquestas.

Richard Strauss (1864-1949)

A pesar de que en toda la música de Strauss encontramos unas características inconfundibles que marcan su estilo propio, la larga trayectoria de Strauss atraviesa distintos periodos. Richard fue un niño prodigio, sus primeras obras muestran influencias del estilo de los grandes músicos clásico-románticos, manteniendo su fidelidad a las enseñanzas de su padre.

En 1874 Strauss escuchó por primera vez las óperas de Wagner, cuya influencia iba a ser profunda, a pesar de las diferencias con su padre, cuyo gusto musical era bastante conservador. De hecho, hasta los 16 años no pudo conseguir la partitura de Tristán e Isolda. No obstante, la influencia de su padre fue también duradera, por lo menos en la predilección de Strauss por el sonido de la trompa. Su sorprendentemente maduro *Concierto para trompa n.º 1* (1882) es una obra representativa de este primer período, y constituye una pieza básica del repertorio de este instrumento.

El estilo maduro de Strauss se inicia en sus primeros poemas sinfónicos de finales de los años 80, especialmente en *Don Juan* (1888), la primera obra en la que encontramos las características fundamentales de su lenguaje musical: un uso más libre de la armonía clásica, con gran facilidad para producir efectos sorprendentes e inesperados. Esta capacidad de crear sorpresa se ve reforzada por su estilo melódico, basado en motivos cortos y fáciles de recordar por lo que, junto con su extraordinaria habilidad para la orquestación, es considerado, junto a Mahler, uno de los precursores del sonido característico de la orquesta sinfónica del siglo XX.

En el aspecto formal, emplea frecuentemente formas clásicas, como la sonata o el rondó, aunque con bastante libertad, por lo que tiende a reforzar la coherencia mediante la ayuda externa de poemas (como en sus canciones), ideas literarias o filosóficas o libretos de óperas. A causa del uso de elementos extramusicales así como su empleo del colorido armónico y orquestal se le relaciona a menudo con el impresionismo musical, por lo que no es extraña la admiración que sintieron por su música compositores como Debussy.

Tras la serie de poemas sinfónicos compuestos durante el siglo XIX, Strauss se centra en el género operístico, donde tras una etapa de fuerte influencia wagneriana, se acerca al expresionismo en óperas como *Salomé* (1905) y *Electra* (1909), llegando en muchos casos al borde de la atonalidad. Esta etapa es relativamente breve, aunque encontramos elementos de ella en obras posteriores.

Sus primeros poemas sinfónicos tuvieron un gran éxito, se caracterizaban por un estructura clara en que los temas tenían una gran personalidad. Pero sería en sus tres poemas sinfónicos de temática heroica donde avanzaría a un proceso de disolución formal: *Así habló Zarathustra, Don Quijote y Una vida de héroe*. Este rasgo procede de la acumulación de imágenes e ideas de procedencia diversa que daba lugar a la multiplicación de los temas, cuya superabundancia no interrumpe la cohesión. *Así habló Zarathustra* (1896) narra musicalmente de forma libre y fantástica algunos de los pasajes de la obra de Friedrich Nietzsche.

Su escritura orquestal es riquísima, basada en un profundo conocimiento de los instrumentos modernos. Revisó el *Tratado de instrumentación* de Berlioz, cuya en su obra influencia es manifiesta. Adopta las formas de la sonata clásica (allegro de sonata, rondó, variación) como estructuras básicas para sus poemas sinfónicos, cuya obra cumbre es la monumental Sinfonía Alpina.

El realismo en la ópera

Es una corriente operística de finales del siglo XIX que nace bajo el influjo del naturalismo literario francés. Su finalidad es la plasmación de la realidad, despojada de la idealización romántica, resultando una obra impregnada de crítica social. La acción transcurre a menudo en ambientes sociales pobres, inspirada en las clases bajas, es apasionada y llevada a los límites. Muestra asesinatos, enfermedades, horrores para estremecer al espectador. La música está sometida a la representación del drama. Los recursos musicales se amplían para incluir interjecciones vocales, gritos, ruidos propios de la calle, de la vida del siglo XX.

La obra más destacada es *Carmen* de **Georges Bizet** (1838-1875), un autor que murió prematuramente, justo cuando saboreaba los triunfos teatrales de las músicas incidentales que compuso para *La arlesiana* de Daudet (1872) y de la ópera que revolucionó el género cómico e introdujo uno de los mitos españoles más universales, *Carmen* (1875). Está basada en la homónima novela de Prosper Mérimée (1846). Al margen de la españolada, influido por el último Verdi, propuso un modelo de teatro musical realista, con refinamientos orquestales y un nuevo tratamiento vocal, destinado no al virtuosismo del cantante sino a la definición psicológica de los personajes. *Carmen* supone un intento por definir al hombre y la vida cotidiana con una constante tensión dramática. El lenguaje musical traduce a la perfección el contraste entre el entorno festivo y la presencia permanente de la muerte, con el fondo colorista del ambiente que se muestra como una variante del exotismo idealizado tan apreciado por los artistas románticos.

Giacomo Puccini (1858-1924)

Mientras, en Italia lo más destacado del nuevo verismo fue la aparición en escena de un nuevo astro teatral, Giacomo Puccini. Nació en Lucca en una familia de músicos, consiguió el puesto de organista y maestro de coro en Lucca. La leyenda dice que la decisión de dedicarse al teatro musical le llegó tras asistir en 1876 en Pisa a una representación de *Aida* de Verdi. En 1880, con la ayuda de un pariente y una beca, consiguió inscribirse en el Conservatorio de Milán. Su primer triunfo llegó con *Manon Lescaut* (1893), marcó el inicio de su colaboración con los libretistas Luigi Illica y Giuseppe Giacosa, que fue muy productiva de la carrera artística de Puccini. Juntos escribieron los libretos de sus tres óperas siguientes: *La Bohème* donde refleja un ambiente modesto, emociones sencillas y conmovedoras que sólo el lirismo de la música aleja del realismo. En *Tosca* (1900) dota a la orquestación de fuerza y colorismo. En *Madama Butterfly* (1904) explora la psicología femenina de un modo admirable sugerido por la música.

El eclecticismo de Puccini, junto con su incesante búsqueda de soluciones originales, se tradujo en el llamado *Il Trittico*, tres óperas contrastadas de un solo acto, estrenadas en una misma representación en Nueva York en 1918: *Il tabarro*, trágica y verista; *Suor Angelica,* elegíaca y lírica y *Gianni Schicchi,* cómica.

Su última ópera, *Turandot*, quedó inconclusa al morir Puccini el 29 de noviembre de 1924 en Bruselas como consecuencia de complicaciones durante el tratamiento de un cáncer de garganta para el que había ido a tratarse y del que sólo su hijo conocía la gravedad real. Puccini era un fumador compulsivo. Las últimas dos escenas fueron acabadas por Franco Alfano, bajo la supervisión de Arturo Toscanini. La noche del estreno, el propio Toscanini, que dirigía la orquesta, interrumpió la interpretación donde el maestro había dejado la composición. Basada en una fábula teatral de Carlo Gozzi y representada por primera vez en 1926, *Turandot* es la primera ópera pucciniana de ambientación fantástica, cuya acción se desarrolla "en el tiempo de las fábulas", como se lee en la partitura

Difícil situar a Puccini en una corriente concreta por su continua evolución artística. Excelente melodista, dotó a sus obras de elegancia orquestal, finura armónica y penetración psicológica en sus personajes. Se dedicó casi exclusivamente a la música teatral y, al contrario de los maestros de vanguardia, escribió siempre pensando en el público, cuidando las representaciones y siguiéndolas en sus giras. Aunque sólo creó doce óperas, sus obras se han asentado en los repertorios tradicionales de los teatros líricos.

Los ingredientes fundamentales de sus óperas son la variedad, la rapidez, la síntesis, la profundidad psicológica y la abundancia de hallazgos escénicos. Puccini tomó de la ópera francesa el cuidado por el color local e histórico. La reconstrucción musical del ambiente constituye un aspecto de relieve en todas sus obras en que buscaba la síntesis dramática, por lo que dosificaba con cuidado la alternancia dialéctica entre la parte recitativa y las arias. El público, aunque a veces desorientado por las novedades de cada ópera, acababa por solidarizarse con los protagonistas. Su gran mérito fue su inclinación ecléctica, capaz de asimilar y sintetizar con habilidad lenguajes y culturas musicales diferentes.

NACIONALISMO MUSICAL

Como Nacionalismo en música se entiende el uso de materiales que tienen un carácter nacional o regional. Por ejemplo, el uso de la música folclórica y el uso de melodías, ritmos y armonías inspirados por la misma, como elementos no programáticos inspirados en el folclore, los mitos y la literatura nacionales como base.

Definición y características

El nacionalismo define un tipo de música escrita desde mediados del siglo XIX y principios del XX, fundamentalmente en países europeos considerados periféricos. Los países y los compositores relacionados principalmente con el nacionalismo son:

- Rusia: Mikhail Glinka y el Grupo de Los Cinco

- Checoslovaquia: Bedřich Smetana, Antonín Dvořák, Leoš Janáček

- Hungría: Béla Bartók y Zoltán Kodály

- Noruega: Edward Grieg

- Finlandia: Jean Sibelius

- España: Isaac Albéniz, Enrique Granados, Joaquín Turina, Manuel de Falla

Esta identificación de fenómenos nacionalistas podría extenderse aún a otros países como Polonia, Dinamarca,... Al considerar el fenómeno del nacionalismo musical cabe distinguir dos tipos de nacionalismos:

A) Decimonónico: cargado de connotaciones políticas, busca una identidad nacional. Es un nacionalismo romántico en que el sentimiento individual se traslada a los pueblos. Se vio influido por los acontecimientos políticos como la Revolución Francesa y la Independencia de EEUU, las unificaciones de Alemania e Italia. Potenció la identidad lingüística, calando en la literatura con el impulso de las lenguas "periféricas", el interés por la historia local y por la tradición.

B) Del siglo XX: marcado por el auge de la etnomusicología y los registros fonográficos, tiene un carácter científico e internacional. Prescinde del carácter reivindicativo, integra diversos estilos, ya que no se trata de una vía para la afirmación patria sino para la experimentación partiendo de la inspiración en el folclore. Tuvo un talante arqueológico y recopilador que aportó la toma de conciencia del rico patrimonio cultural popular transmitido oralmente.

En general, es una época de recopilación de cantos épicos y leyendas, de codificaciones lingüísticas en las naciones llamadas "periféricas", que no contaban con la tradición y la disciplina musical de países como Alemania, Italia, Francia o Inglaterra. Esta situación política y cultural se plasma en la música y logra una de las manifestaciones más interesantes de la música culta. El Nacionalismo aporta a la música romántica y se distingue de ella a través de una serie de aspectos que podemos resumir en:

— Interés por el folclore, que es considerado como la esencia expresiva del canto y de la música de un pueblo.

— Expresión del sentimiento nacionalista como manifestación de la cultura autóctona de un pueblo. Por ello las obras nacionalistas incluían historia, leyendas, ritmos y melodías populares, instrumentos autóctonos, etc.

— Reacción contra el dominio musical de Italia, de Francia y de los países del área germánica (Alemania y Austria).

— Huida de las formas clásicas que, cuando se aplicaron, fue para dar un estilo culto a la música folclórica.

— Nacimiento de nuevos modismos y escalas basados en la música particular de cada pueblo.

— Redescubrimiento de instrumentos nuevos para la música sinfónica, sobre todo en el campo de la percusión.

— Valoración de la riqueza tímbrica de las orquestas que incorporan un colorido nuevo gracias a la aportación de un instrumental exótico y distinto.

— Mayor variedad y riqueza melódica.

— Las formas musicales predominantes fueron la canción, el poema sinfónico, el ballet y la ópera frente al menor uso de la sonata y la sinfonía.

El Nacionalismo Ruso

Rusia en el siglo XIX estaba en pleno florecimiento cultural, las cortes de Moscú y San Petersburgo, junto con la aristocracia, crearon uno de los grandes focos de consumo musical europeo. Muchos compositores e intérpretes europeos recalaban allí y dejaron escuela. De este modo, en la música como en la literatura Rusia contaba con una tradición occidentalizada debido a un academicismo arraigado desde mediados del siglo XVII.

Paradójicamente, esta tendencia filo europea favoreció que entrara también el renovado interés por el elemento nacional, entendido como una práctica romántica interesada en la singularidad de las manifestaciones artísticas y culturales.

La música occidental estaba instaurada en la profesión musical, en las instituciones y centros superiores de enseñanza, pero gracias a las novedades románticas florece un academicismo nacionalista cuyos máximos representantes serían Glinka, Rubinstein y Tchaikovsky. Conectados con las nuevas ideas occidentales, El Grupo de los Cinco—Mussorgski, Rimski-Kórsakov, Borodin, Cui, Balakirev—representó el núcleo heredero del espíritu de Glinka. El Grupo de los Cinco estaba compuesto por compositores e ideólogos nacionalistas que eran profesionales en otras áreas de la ciencia y la cultura, pero que se interesaron también por la música. Entre los principales creadores destacan:

Modest Mussorgsky (1839-1881)

De delicada salud y con una vida de estrechez, poseía una gran sensibilidad que le permitió captar una visión exacta y consciente del pueblo ruso. Entre los músicos nacionalistas rusos fue el que mejor supo reflejar el alma de su pueblo. Músico de formación autodidacta, era consciente de sus limitaciones y muchas de sus obras quedaron inacabadas por falta de conocimiento del oficio. Pero a pesar de ello revelan un talento y una originalidad que ejercerían una profunda influencia en autores posteriores como Debussy, Ravel o Shostakovich.

A diferencia de la escasa trascendencia de algunas composiciones de juventud, en su etapa de madurez se dedicó a concebir a través de su arte una imagen fiel de la vida, con predominio de la verdad sobre la belleza. Su música destaca por la naturalidad de la expresión, que en la música vocal tiende a ajustarse a los acentos del habla. Su legado musical consta de una treintena de canciones, originales y expresivas, entre las que sobresale La habitación de niños; composiciones corales; la ópera *Boris Godunov* y composiciones orquestales como *Cuadros de una exposición*, *Marcha a la turca* y *Una noche en el Monte Pelado* en que muestra la influencia de Berlioz.

Nikolái Andréyevich Rimski-Kórsakov (1844-1908)

Fue ingeniero naval y pese a su formación autodidacta fue nombrado profesor de composición y orquestación en el Conservatorio de San Petersburgo, donde enseñó a compositores como Sergéi Prokófiev o Ígor Stravinski. Autor de un buen número de obras de música de cámara y de muchas canciones, consiguió la popularidad con algunas obras orquestales y en el teatro. Compuso prolíficamente, demostrando una gran habilidad como orquestador por su claridad y viveza, gracias al uso de líneas melódicas destacadas del acompañamiento armónico. Produjo muchos trabajos orquestales, incluyendo las famosas *Scheherezade, Capricho español* (1887). También escribió óperas, como *El cuento del zar Saltán* (1901), a la que pertenece *El vuelo del moscardón*.

Aleksandr Porfírievich Borodin (1833-1887)

Se ganó la vida como químico, lo cual explica la exigua cantidad de obras. Su ópera *Príncipe Igor* es considerada su obra más importante, que contiene las conocidas *Danzas Polovotsianas*. Debido a su gran carga de trabajo como químico, la ópera quedó inconclusa siendo completada posteriormente por Rimsky-Korsakov. Sus obras incluyen poemas sinfónicos, música de cámara, canciones, piezas para piano, dos sinfonías, más una tercera incompleta.

Piotr Ilich Tchaikovski (1840-1893)

Nació en una familia de clase media, por lo que la educación que recibió se orientó a prepararle como funcionario, a pesar de la precocidad musical que mostró. En contra de los deseos de su familia, decidió seguir una carrera musical y en 1862 se matriculó en el Conservatorio de San Petersburgo. Allí recibió una formación musical académica basada en el estilo musical occidental que lo apartó en cierto modo de las corrientes nacionalistas contemporáneas, a pesar de que con los miembros del Grupo de los Cinco mantuvo a lo largo de su carrera una relación profesional y de amistad.

Con ellos compartía el énfasis en el carácter nacionalista, pero su intención era unir este ideal con un alto estándar cualitativo, capaz de satisfacer los criterios de la música europea. La educación que recibió en el conservatorio le permitió escribir obras con tendencias y técnicas orientadas a un estilo occidental. Su perfeccionismo impulsó su deseo de alcanzar un público mayor, no sólo nacional sino internacional.

Tchaikovski se benefició del mecenazgo de la Rusia del siglo XVIII, profundamente dominado por la aristocracia, pero en una relación en la que el promotor y el artista estaban en igualdad de condiciones. Sus dedicatorias no eran por tanto un acto de humilde gratitud sino expresiones de su amistad. Su música abraza desde la tendencia occidental hasta la inspiración en canciones populares, que repetía en un estilo secuencial. Experimentó con soluciones métricas inusuales, como recurso expresivo. Elaboró un amplio catálogo de armonías. Su textura musical estaba vinculada a colores orquestales brillantes y definidos.

En su obra destacan: *Romeo y Julieta*, la *Obertura 1812*, sus tres ballets (*El cascanueces*, *El lago de los cisnes* y *La bella durmiente*) y la *Marcha Eslava*. Compuso cuatro conciertos, seis sinfonías numeradas además del *Capricho italiano*.

El Nacionalismo en España

En el siglo XIX gracias al auge de la zarzuela un grupo de compositores advirtieron la falta de personalidad de la música española, pese al rico pasado y a la variedad del folclore autóctono. La recuperación vino de la mano del musicólogo Felipe Pedrell (1844-1922), que investigó la música popular del país. Sus ideas suponen conocimientos precisos sobre el pasado de la ópera, sobre las innovaciones que se habían producido a lo largo del siglo y, sobre todo, sobre el patrimonio musical histórico español. Sus presupuestos nacionalistas se plasmaron musicalmente en tres de sus discípulos: Isaac Albéniz, Enrique Granados y Manuel de Falla.

Superadas las contiendas tras la invasión napoleónica, la conciencia nacional española condicionó el resurgir de una música basada en el folclore al tiempo que las ideas nacionalistas triunfaron fuera de España, muchos compositores extranjeros prestaron especial atención al folclore español para escribir sus obras, como Liszt, Bizet y Debussy. Entre las principales características que definen al nacionalismo musical español destacan:

Isaac Albéniz (1860-1909)

Además de un virtuoso del piano, fue el primer compositor español de talla internacional. A lo largo de su trayectoria legó un reguero de obras para piano encantadoras, como *Suite española* o *Cantos de España* entre las más relacionadas con las estampas hispanas. En ellas abordó un virtuosismo plenamente adecuado al desarrollo de las ideas nacionalistas, llenas de armonía, ritmos de danzas españolas que alternan con la copla, intensidad y fuerza expresiva

Enrique Granados (1867-1916) compuso básicamente para piano, aunque su arte es muy diferente. Más introspectivo, manifiesta un temperamento romántico y melancólico. En sus composiciones es evidente la herencia de la música romántica. Para piano compuso *Danzas españolas*, que son impresiones evocadoras de paisajes españoles en que recoge algunas danzas regionales de España. Una de sus obras más características es la suite pianística

Goyescas, en la que logró evocar magistralmente y con un lenguaje pianístico avanzado el Madrid ochocentista de Goya.

Manuel de Falla (1876-1946)

Fue la figura indiscutible de la música española del s. XX, el más importante compositor nacionalista español. Formado en su ciudad natal, Cádiz, y en el Conservatorio de Madrid, hacia 1902 entró en contacto con Felipe Pedrell, con quien dio clases privadas composición. La primera consecuencia de esta enseñanza se manifestó en la ópera *La vida breve*, donde puso en prácticas las teorías de Pedrell en favor de un arte nacional basado en la música española de tradición oral. Con él la música sinfónica española alcanzó su personalidad propia.

Joaquín Turina Pérez (1882-1949)

Con cuatro años adquirió la reputación de niño prodigio por sus improvisaciones con un acordeón regalado por una de las criadas. El 29 de abril de 1907 se presenta con éxito frente al público parisino en la Sala Aeolian donde estaban Albéniz y Falla entre el público. Turina confiesa que la conversación que siguió a ese concierto le cambió completamente sus ideas estéticas. La define como la metamorfosis más completa de su vida. La producción de Turina se centra en la música sinfónica, de cámara, canciones y, sobre todo, obras para piano. También se dedica a la enseñanza de composición a partir de 1931, desde su Cátedra en el Conservatorio de Madrid y en esta línea de aportación teórica hay que destacar, por su singularidad en el panorama musical español, la publicación en 1917 de la Enciclopedia abreviada de la música y, al final de su vida estaba preparando un Tratado de composición musical del que solo completó los dos primeros volúmenes.

IMPRESIONISMO MUSICAL

La música impresionista fue una tendencia musical que surgió en Francia a finales del siglo XIX. El nombre *Impresionismo* ya se usaba antes para denominar a una escuela pictórica de los años 1860-1870, cuyas características e intenciones artísticas eran muy similares. Los dos únicos autores a los que podemos llamar *impresionistas* en aquella época son Claude Debussy y Déodat de Séverac, junto con Maurice Ravel.

Orígenes del Impresionismo

A medida que el siglo XIX llegaba a su fin, las Bellas Artes conocieron una nueva corriente llamada Impresionismo, que se prolongó a las primeras décadas en el siglo XX. Hacia 1870, un grupo de jóvenes artistas abandonaron el Realismo en favor de nuevos intereses, con el objetivo de reproducir en el lienzo la "impresión" de un momento dado. Por ello contemplaban la naturaleza con un "ojo inocente", percibiendo el mundo en un continuo estado de cambio. Para lograrlo, emplearon los colores puros para contrastarlos en el lienzo, dejando que el ojo del observador realizase la mezcla. Los pintores impresionistas rehuyeron los temas heroicos o históricos. En cambio, la naturaleza se convirtió en el tema principal de sus obras, eligiendo como pretexto para sus pinturas paseos en barca y paisajes naturales. Su arte fue sobre todo el reflejo y la impresión de una ciudad mágica: París.

Las teorías básicas del Impresionismo fueron expresadas maravillosamente en la música. Puesto que la música es esencialmente un arte abstracto, era capaz de describir sensaciones. Los compositores impresionistas encontraron dos medios para lograrlo: por un lado, mediante la orquesta, gracias a su variedad tímbrica y de color; por otro, con el piano, porque el pedal permitía vibrar armonías y suspenderlas en el tiempo. La música se convirtió en el arte de un movimiento abstracto y efímero. Por esta razón, las imágenes favoritas de la pintura impresionista, como el juego de la luz sobre el agua, las nubes, los jardines, el reflejo de la lluvia o la luz y el sol a través de las hojas, se prestaban fácilmente a la expresión musical. Títulos descriptivos como *Reflections on the Water, The Snow is dancing* o *Swirl in the Evening Air* revelan además a los compositores como poetas y pintores.

Aunque se considera al francés Claude Debussy como el iniciador de este estilo, el compositor siempre mostró su rechazo a este término para definir su música. Los elementos que a menudo caracterizan la música impresionista incluyen la armonía estática, el énfasis en los timbres instrumentales que crea un juego brillante del color, melodías que carecen de dirección, ornamentación superficial que oculta o sustituye a la melodía para evitar la forma musical tradicional.

Características

LA ARMONÍA IMPRESIONISTA

Los compositores impresionistas consideraron el acorde como una entidad en sí misma, por su capacidad de provocar una emoción que afecta el oído con un estilo propio. Aaí, en su obra el sonido surge de acordes independientes sin una tonalidad definida, para lograr un efecto de impresión, creando un efecto de huida, de acordes que parecen haber surgido de otra tonalidad.

LA SONORIDAD IMPRESIONISTA

En el Impresionismo predomina un velo de sonoridad y textura delicada. La música es opalescente, etérea, fugaz, transparente, brillante como el sonido de una lluvia. Experimenta con el timbre, convirtiéndolo en uno de los factores más importantes. En la orquesta, flautas y clarinetes se utilizan en sus registros graves y oscuros, los violines alcanzan sonoridades agudas, mientras las trompetas, los cornos y los bronces en general se silencian.

Hay mucho uso del arpa, la celesta, el triángulo, los platillos y la lira. De esta manera, conseguían efectos inéditos en la música, de los que el preludio de Claude Debussy *La Cathédrale Engloutie* es un claro ejemplo de los diferentes timbres y sensaciones que pueden escucharse en una misma obra.

El tempo se trata de un modo más libre, y con capacidad de un *rubato* a gusto del intérprete, siempre respetando las indicaciones del autor. El ritmo tiende a ser libre en su estructura, con cadencias sin definición clara.

Autores como Gabriel Fauré o Camille Saint-Saëns se atrevieron a experimentar con la música de su época, pero fue Claude Debussy el primero en crear una música totalmente diferente a la anterior, y nunca antes escuchada.

Compositores impresionistas

Claude Debussy (1862 – 1918)

Es el autor impresionista por excelencia, creador de una de las músicas más poderosas y originales de la historia, que nos transporta a espacios y atmósferas más propios de los sueños, sin olvidar jamás la esencia del París bohemio de finales del siglo XIX. Su música resulta un tanto brumosa, constantemente cambiante e impredecible, evocando ecos y cantos lejanos.

Claude Debussy nació el 22 de agosto de 1862, en Saint-Germain-en-Laye. Desde los diez años fue un estudiante brillante en el Conservatorio de Música de París, donde ganó premios como compositor como el Premio de Roma por su cantata *L'enfant prodigue*. Pero también fue un rebelde, a menudo alarmaría a sus profesores por sentarse al piano y tocar acordes rompiendo todas las reglas armónicas existentes. Lo que estaba comenzando a buscar un nuevo lenguaje musical, y poco a poco, lento pero seguro, lo encontró.

Debussy escribió música para piano como nadie antes de él alguna vez había soñado. Encontró la inspiración en las mismas imágenes que atrajeron a los pintores impresionistas franceses, en la naturaleza, nubes, lluvia, viento, agua, luz del sol y sombras, dando como resultado un mundo sonoro nuevo y mágico.

Debussy llegó a su madurez musical durante los últimos años del siglo XIX, cuando el último período romántico de Liszt y Wagner estaba llegando a su fin y muchos compositores buscaban ya nuevos caminos musicales. Debussy tomó su inspiración de fuentes artísticas muy diversas: la música de Wagner, el arte y la música de Oriente, los pintores impresionistas, la poesía, las líneas sinuosas y los tonos pastel del contemporáneo Art Nouveau. A partir de estas fuentes, forjó un estilo musical que lo hace original en sus armonías, ritmos y tonos musicales. Entre las características esenciales en su música, destaca la creación de un motivo musical sencillo y repetitivo al inicio, que va variando a lo largo de la obra, pero siempre está presente en todas y cada una de las frases, aunque no se perciba a simple vista. La influencia de Debussy en la música del siglo XX ha sido inmensa, desde la sala de conciertos a los teatros de ópera y el mundo del jazz.

Maurice Ravel (1875-1937)

Conocido por su popular *Boléro*, su talento se extendió más allá de esta obra convirtiéndose en uno de los compositores más importantes del siglo XX. Sus padres le animaron a dedicarse a la música, a los siete años recibió sus primeras lecciones de piano con Henry Ghys y a los 14 lo inscribieron en el Conservatorio de París, donde recibió su primer premio en un concurso de estudiantes de piano en 1891. Pese a ser un músico dotado, no tuvo éxito académico y, de hecho, fue expulsado del conservatorio por su falta de atención. En 1898 se reincorporó teniendo la oportunidad de estudiar con Gabriel Fauré, con el que construyó una amistad duradera. Finalmente, renunció en 1900 tras catorce años de estudios en el Conservatorio de Paris.

Ravel fue un compositor que trató de sugerir en su obra imágenes de diferentes estados de ánimo y lugares. Su música giró en torno a fantasías y cuentos de hadas. Escribió magníficamente para orquesta y piano, con armonías deslumbrantes y sutiles. Tenía una forma propia de componer, resultado de su interés por una gran variedad de estilos musicales, desde la música de grandes compositores como Bach, Mozart y Chopin, música tradicional española, jazz y blues. Aunque Maurice Ravel no produjo un gran número de piezas musicales, sus obras son de una calidad extraordinariamente alta. Fue un genio en la composición de melodías de diferentes texturas y efectos, un gran músico que se concentró más en la calidad que la cantidad.

LA REVOLUCIÓN MUSICAL DEL SIGLO XX

Caracterizado por sus revoluciones sociales y por el cambio que supuso en lo estético y artístico. El quiebre con la tradición histórica de la música es absoluto y atraviesa diferentes instancias en las que aumenta su repertorio con la sumatoria de elementos paralelos (distintas tonalidades, compases o tipos rítmicos a la vez), las citas textuales (collages), las repeticiones (minimalismo), hasta desechar toda referencia al tonalismo tradicional, con el atonalismo, dodecafonismo, serialismo integral, trabajando con materiales reelaborados (música concreta, objetos sonoros) o provenientes de una nueva síntesis (música electrónica, digital). La música se desestructura al azar (música aleatoria) y la fusión con otras artes (música teatral y gestual). En conclusión, se llevaron a lo sonoro las pruebas y teorías utópicas y revolucionarias que trataron de acomodar la producción estética a un mundo en ebullición. Nunca se había visto semejante eclecticismo, confusión y proliferación de escuelas.

Contexto histórico

Los medios de transporte y las telecomunicaciones convirtieron al mundo de la música en una aldea global, que conoció inmediatamente lo que pasaba por las mentes creativas del mundo entero. Tal poder dividió al mundo en enemigos cardinales: Norte contra Sur, Occidente contra Oriente; y esto se tradujo en una nueva música, caracterizada por sus renovaciones sonoras y disonancias libres de ataduras y compromisos tonales. Frente a la visión globalizante los músicos crearon límites que intentaron dividir la materia musical. Cada nación pretendió dejar su impronta particular, a la vez que otros elevaban sus cantos y melodías por un mundo sin fronteras.

Las innovaciones intentaron atraer a la audiencia hacia la música. El espíritu vanguardista se convirtió en propulsor del público, siempre detrás de las nuevas corrientes y actitudes. Esto generó muchos detractores de la música del siglo XX entre sus contemporáneos que prefirieron recuperar los sonidos de épocas anteriores. Surgió el cuestionamiento acerca del espíritu creador y su sumisión o rebeldía ante las demandas del público. El realismo social soviético y su experiencia no resultó un caso alentador y se acercó al control y censura de los gobiernos totalitarios.

Aaron Copland consideraba que "escuchar atentamente, escuchar conscientemente, escuchar con toda nuestra inteligencia es lo menos que podemos hacer en apoyo de un arte que es una de las glorias de la humanidad".

Acción y reacción en el arte

Las corrientes artísticas del siglo XX se opusieron y superpusieron, dando lugar a la creatividad que capturó a la sociedad. Pronto se conjugaron la sinestesia sensorial del impresionismo y su opuesto expresionista. Así comenzaron a surgir corrientes neoclasicistas y nuevos lenguajes artificiales (dodecafonismo), la convergencia de las músicas eruditas y populares o su ingreso en los recintos sagrados del arte clásico, el cerebrismo de la escuela serialista y la ingenuidad del conceptualismo minimal. Una línea de este tipo se prolonga desde Mahler a nuestros días a través de Schoenberg a través de células americanas que enlazan con autores como Philip Glass o John Cage.

El siglo XX fue un siglo de contradicciones, mientras que Britten escribía óperas tonales, Stockhausen experimenta con música electrónica, Oliver Messiaen busca inspiración en la música oriental, Pierre Henry intenta escribir música concreta, Pierre Boulez habla de serialismo integral y Luigi Nono de ámbitos sonoros. Las experiencias de música aleatoria han marcado el punto tal vez más audaz en esa intensa búsqueda de una forma de expresión musical del siglo pasado.

I.EXPRESIONISMO MUSICAL

Es una corriente estética que floreció en Europa, en especial en el área alemana, entre 1905 y 1925. Abarca las artes plásticas, la música y la literatura. Se caracteriza por la expresividad anímica y subjetiva del arte, como reacción frente a la sensorialidad del Impresionismo de fines del s. XIX. El Expresionismo forma parte de las llamadas "vanguardias históricas" desarrolladas desde principios del siglo XX, en el ambiente previo a la Primera Guerra Mundial, hasta el final de la Segunda Guerra Mundial (1945).

La música expresionista se caracteriza por el intenso empleo del cromatismo y por la tensión expresiva, a menudo teñida de pesimismo. Sus compositores más representativos son los miembros de la llamada Segunda Escuela de Viena (Schönberg, Berg y Webern).

El primer tercio del siglo XX arranca con las tensiones político-sociales ocasionadas por el nuevo régimen económico y los conflictos entre las potencias europeas que estallarán con la Primera Guerra Mundial (1914-18) y la Revolución Rusa (1917).

El punto de partida de este colectivo fue la exposición celebrada en Múnich en 1911, en la que el propio Schönberg expuso como pintor. Para los artistas este encuentro fue muy fértil ya que potenció el intercambio de ideas. Estos autores coincidían en la búsqueda de la superación de su capacidad expresiva para representar de una forma absoluta su mundo interior, pero enfocada como movimiento de ruptura. A diferencia del Romanticismo, la experiencia interior que aspiraban retratar era la del hombre moderno tal como lo describía la psicología contemporánea, especialmente por el psicoanálisis de Freud: aislado, impotente, sujeto a los impulsos irracionales del subconsciente, en rebelión contra el orden establecido. De ahí que el arte expresionista se caracterice por una desesperada intensidad de sentimientos expresados de manera convulsa y revolucionaria. Su música es un grito de angustia tal como lo retrató Munch.

La música expresionista

Para los artistas expresionistas, el arte es comunicación entre individuos, por medio del alma, sin necesidad de un elemento externo. El artista ha de ser creador de signos, sin la mediación de un lenguaje. La música expresionista, siguiendo el espíritu de las vanguardias, pretendía desligar la música de los fenómenos objetivos externos, se entendía como un instrumento de la actividad creadora del compositor con el cual reflejar su estado anímico, fuera de toda regla o convención, tendiendo a la esquematización y a las construcciones lineales, en paralelo a la geometrización de las vanguardias pictóricas del momento.

La música expresionista buscó la creación de un nuevo lenguaje musical, liberando la música de la tonalidad para dejar que las notas fluyesen libremente. Así, frente a la armonía clásica se basaba en la cadencia tónica-subdominante-dominante-tónica, cobró mayor importancia la escala cromática de doce notas.

ATONALISMO

A raíz de estas experiencias nació la música atonal, expresión que desagradaba a Schönberg por el contenido negativo que encerraba. En realidad, el atonalismo no fue más que el desarrollo de ideas que aparecieron entonces de forma absoluta a partir de la consideración independiente de los 12 grados o notas de la escala cromática.

En la música atonal, para encontrar nuevos principios de construcción el compositor sólo podía confiar en su intuición. El propio Schönberg afirmaba: "Cuando escribo decido sólo según el sentimiento de la forma. Cada acorde que escribo corresponde a una necesidad de mi exigencia expresiva, pero es posible que responda también a una lógica inexorable, aunque inconsciente, de la construcción armónica."

La atonalidad carecía de la coherencia necesaria para dar vida a un mundo sonoro pleno, por ello recurrían a la literatura como fuente de inspiración. El desarrollo de la música atonal se enriqueció con la utilización de los instrumentos en función de su timbre, en una búsqueda centrada solo en el color. Característica de la música atonal es la renuncia a la articulación tradicional del tema, en estas obras cada compás supone una continua renovación. Las obras de este período manifiestan una tendencia a reducir el sonido a su esencia más pura, abriendo el camino a la abstracción, que desembocará en la codificación dodecafónica del lenguaje musical.

DODECAFONISMO

El Expresionismo encontró en Viena un ambiente hostil a cualquier renovación, ante el cual Schönberg guardó silencio y continuó trabajando a partir de estos presupuestos hasta que en 1923 logró codificar y formular el "método de componer con 12 sonidos, sólo relacionados entre sí", conocido como método dodecafónico. Se trataba de un sistema basado en la escala cromática: los siete tonos de la escala tradicional más los cinco semitonos. Según el sistema dodecafónico, pueden emplearse en cualquier orden, sin ninguna relación jerárquica entre ellos, pero siempre en una determinada sucesión llamada serie dodecafónica, en la que no es posible repetir una nota antes de haber sonado las otras. De este modo se evita la polarización, es decir se elude la creación de centros tonales definidos. El compositor crea la serie que sirve de núcleo para su posterior desarrollo, a partir de ella, la serie puede ser utilizada de forma melódica, armónica o contrapuntística. En consecuencia, la serie dodecafónica es una estructura imaginada, que carece de tema y de ritmo. En cada serie existen 48 combinaciones, por inversión, retrogradación o inversión y comenzando por cada nota, lo que redunda en realidad en una serie casi infinita de combinaciones. Con el Dodecafonismo estableció un verdadero vocabulario musical, este método proporcionaba una base para la renovación del lenguaje, que daba cabida a multitud de orientaciones estéticas.

La Segunda Escuela de Viena

La música atonal fue el vehículo que utilizaron los músicos que serían conocidos con el nombre de Escuela de Viena, que Europa conoció hacia 1919. El genio de Schönberg reunió en torno a él a dos grandes figuras que compartieron sus tendencias renovadoras: Alban

Berg y Anton Webern. La Escuela de Viena expresó algunas de sus exigencias en el Manifiesto de la Sociedad Vienesa de Ejecuciones Musicales, redactado por Berg en 1919:

- Preparación cuidada y fidelidad absoluta de las interpretaciones.

- Audiciones repetidas de la misma obra.

- Sustracción de los conciertos, organizados por ellos, a la influencia corruptora de la vida musical oficial, rechazo a la competición comercial e indiferencia hacia cualquier forma de éxito o de fracaso.

La Escuela de Viena se disolvió en 1925 al trasladarse Schönberg a Berlín, lo cual no impidió que Berg y Webern, a pesar de su propia personalidad, siguieran siendo fieles a las enseñanzas de su maestro.

Arnold Schönberg (1874-1951)

En sus primeras obras, llevó el lenguaje romántico a sus límites. Tras el estreno de su poema sinfónico *Peleas y Melisande*, la crítica dijo que el autor de esa música era "un hombre totalmente desprovisto de sentido o que toma a sus oyentes por imbéciles".

Tras esta obra, abandona el sistema tonal que, con su jerarquía de sonidos había presidido la música europea desde finales del Renacimiento y da un paso decisivo a la libertad de utilizar cualquier combinación de sonidos como un acorde. Pero al destruir las normas de la tonalidad no encontró ningún sistema que las reemplazara y diese coherencia a ese mundo de sonidos en completa libertad e igualdad. Por ello recurrió a escribir piezas líricas breves, caracterizadas por la condensación expresiva, uniendo su música a poemas cuyos textos articulaban la música.

Son obras escritas para pequeñas combinaciones instrumentales, en las que hay una creciente complejidad rítmica y contrapuntística y una fragmentación cada vez mayor de la línea melódica. La finalidad en estas obras no es ser bellas o realistas, sino utilizar los medios incisivos para comunicar el mundo complejo de pensamientos y emociones que quería expresar. Entre sus composiciones destacan el monodrama para solista y orquesta *Erwartung* (1909), el ciclo *Pierrot Lunaire* (1912) y la serie de canciones con acompañamiento de piano *Das Buch der hängenden Gärten* (1908). Escribió además un *Tratado de Armonía*.

Con su Método de composición con doce sonidos, creyó ser capaz de plantear una estructura técnica interna para cada obra. Desde su creación, Schönberg empleó el método dodecafónico en sus principales obras, sólo en obras esporádicas volvió a emplear el sistema tonal. El método dodecafónico fue concebido inicialmente como una solución eventual para resolver un conflicto personal y a pesar de que Schönberg nunca lo había enseñado en sus clases fue acogido con entusiasmo por sus discípulos.

II. NEOCLASICISMO (1918-1939)

El neoclasicismo fue una corriente musical que se manifestó en el periodo de entreguerras, especialmente en las décadas 1920 y 1940, como una reacción artística frente a la descomposición de la forma, del color y del ritmo que habían propugnado las corrientes estéticas de principios del XX. Era síntoma de una búsqueda de principios de orden, para escapar del Romanticismo y del aparente caos de los años comprendidos entre 1910 y 1920.

Consecuente con sus principios, mira a la tradición clásica para reencontrar el método, la estructura, se caracteriza por un retorno a la técnica del siglo XVIII, a los pequeños grupos instrumentales de cámara en lugar de la gran orquesta, al énfasis de las cualidades contrapuntísticas y la evitación de la expresión "emocional" típica del Romanticismo. Se vuelven a adoptar modos de interpretación, formas y géneros como suites, conciertos, sinfonías y sonatas. Se busca una nueva sencillez primero a través de la música clásica del siglo XVIII y después directamente en los principios filosóficos de la Antigüedad grecorromana.

Gracias al desarrollo de los estudios musicales, los compositores cuentan con un conocimiento más preciso de los estilos del pasado y de su lenguaje musical, se incorporan también culturas no europeas. La *Musique dépouillée* (música despojada) sirve de estímulo, de América llegan el Music Hall y el Jazz, con una vibrante ligereza y una fuerza primitiva. Se unen a este movimiento un variado abanico de propuestas: la danza, la *chanson*, las humoradas y la música de las barracas de feria otorgan su nota colorista a esta moda.

El Neoclasicismo se adhirió a los principios clásicos de equilibrio, objetividad y música pura (en contraste con la programática del Romanticismo), con una textura contrapuntística y el uso de armonías tradicionales. La idea principal era reaccionar contra el Romanticismo, el Impresionismo y el Expresionismo para recuperar los ideales estéticos del siglo XVIII, aunque sin renunciar completamente a sus conquistas armónicas, rítmicas y melódicas. París fue la capital europea en la que trabajaron los principales compositores del Neoclasicismo, tendencia en la que estuvieron incluidos, al menos en algún momento de sus carreras, la mayoría de los compositores de la época.

Ígor Fiódorovich Stravinski (1882 –1971)

Su larga vida le permitió conocer gran variedad de corrientes musicales, abordando desde obras clásicas hasta tendencias vanguardistas como el primitivismo, el neoclasicismo y el serialismo. Su producción está marcada por tres grandes períodos estilísticos.

EL PERÍODO PRIMITIVO O RUSO

Fue inaugurado por los tres ballets que compuso para Diáguilev: *El pájaro de fuego* (1910), *Petrushka* (1911) y *La consagración de la primavera* (1913), obras innovadoras que prácticamente reinventaron el género. Estos ballets comparten varias características: están escritos para grandes orquestas; los temas y motivos argumentales se basan en el folclore ruso; la influencia de Rimsky-Kórsakov es patente tanto en su desarrollo como en su instrumentación.

La consagración de la primavera está considerada la apoteosis del período ruso de Stravinski. En él refleja la ideología de la Rusia pagana con una agresiva interpretación y ritmos abruptos, recurre a sonidos con notas en el límite del registro de los instrumentos.

Otras piezas de este período incluyen: *Renard* (1916), *Historia de un soldado* (1918) y *Las bodas* (1923). En estas obras el músico profundizó en la herencia de la escuela nacionalista rusa.

EL PERÍODO NEOCLÁSICO (1920 - 1950)

Está marcado fundamentalmente por dos trabajos: *Pulcinella* (1920) y *Octeto para instrumentos de viento* (1923). En esta etapa Stravinski se vuelca hacia los instrumentos de viento, piano, coros y trabajos de cámara. El culmen de este período es la ópera *The Rake's Progress* de 1951. basada en las pinturas y grabados de William Hogarth, en que sintetiza todo el bagaje musical aprendido hasta entonces, con préstamos a las óperas y temas de Monteverdi, Gluck y Mozart.

EL PERÍODO DODECAFÓNICO O SERIALISTA

Sólo después de la muerte de Arnold Schoenberg, Stravinski empezó a impregnarse de la técnica dodecafónica, al principio en trabajos vocales como *Cantata* (1952), *Tres Canciones de Shakespeare* (1953) que posteriormente expandió hacia formas más complejas. Destaca si su retorno al ballet con *Agon*, que se convierte en una especie de enciclopedia de sus composiciones, primitivismo, neoclasicismo, o serialismo: peculiaridad rítmica y experimentación, ingeniosidad armónica, y un oído ágil para la orquestación impetuosa y autoritaria.

III. EXPERIMENTALISMO

Charles Ives (1874-1954) es considerado como el antecesor de los experimentalistas americanos, fue un compositor absolutamente inconformista e independiente de todas las corrientes contemporáneas. Cuando era niño, su padre, director de una banda militar, le incitaba a ejercitar el oído al tocar melodías en dos tonalidades diferentes al mismo tiempo, a escribir frases con escalas de tonos enteros, a que observara y copiara los extraños efectos producidos por las campanas y los ecos.

En su obra utilizó la polirritmia y la politonalidad, escribió para pianos afinados en 1/4 de tono, anticipó las formas abiertas de la música aleatoria; empleó en muchas piezas la técnica del collage, con ensamblajes e ideas de Pop-art. Modificó la disposición espacial de los instrumentos en la sala, disponiendo en algunas obras varias orquestas situadas en planos distintos para subrayar su efecto estereofónico.

Componía para que su música fuera interpretada, no para ser escuchada por el público, y en el caso de que deba ser escuchada, está pensada para que lo sea de modo participativo. Esto explica en parte el uso de música popular en sus obras, como si se esperase que alguien del público saltase e improvisase silbando un trozo de la obra.

En esta tendencia se puede ubicar la obra de **Edgar Varese** (1883-1965), compositor con grandes influencias de Debussy, Strauss y Stravinsky, a partir de temas con notas repetidas, como toques de llamadas y llamadas de pájaros. Su rítmica es instintiva, visceral, sutil; la instrumentación está plagada de cuchicheos y gritos, de terribles clamores, con reforzamientos característicos de ciertos armónicos para cambiar el timbre orquestal; las formas con libertad absoluta de formas y estructuras.

Varese fue el primer compositor en usar una cinta magnetofónica como instrumento en *Deserts* (1954), compuesta para viento y percusión, en la que incluye grabaciones en cintas de ruidos industriales que se interpolan en la partitura. Varese es el único compositor que ha dado a la música concreta, obras maestras, como su *Poema Electrónico* encargado para ser transmitido por más de 400 altavoces que llenaban con su sonoridad el interior del Pabellón Philips en la feria mundial de Bruselas de 1958. Varese concebía los sonidos, en cuanto tales, como los componentes estructurales esenciales de la música, más esenciales que la melodía, la armonía o el ritmo.

IV. CONCEPTUALISMO

Cuando Marcel Duchamp colocó un urinario en un museo de arte, produjo el golpe más visible del arte conceptual. Una obra conceptual es un acto cuya importancia musical se obtiene del hecho más que del contenido de la obra. La música conceptual encontró a su mejor representante en **John Cage** (1912-1992). Un ejemplo puede ser la obra *4' 33"* de 1952 que consiste sólo de silencios, que presentó el famoso pianista David Tudor, quien se sentó al piano sin tocarlo realmente en ningún momento durante los 4 minutos y 33 segundos. Otra obra importante de este estilo es *56 Blows* de Alvin Singleton, una obra que fue incluso mencionada en un debate en el Senado de EE. UU.

V. MINIMALISMO Y POSTMINIMALISMO

La generación minimalista todavía cumple un papel importante en la nueva composición. **Philip Glass** (1937) ha continuado expandiendo su ciclo sinfónico, mientras que *On the Transmigration of Souls* de John Adams, una obra coral que conmemoraba a las víctimas de los atentados del 11 de septiembre de 2001, que ganó un Premio Pulitzer.

Muchos compositores están expandiendo los recursos de la música minimalista al incluir ritmos e instrumentos propios del rock y la música étnica, serialismo y muchas otras técnicas.